Astrología Práctica y Magia Planetaria

Una guía esencial sobre tránsitos astrológicos, lectura de cartas natales, hechizos mágicos y mucho más

© Copyright 2023

Todos los derechos reservados. Ninguna parte de este libro puede ser reproducida de ninguna forma sin el permiso escrito del autor. Los revisores pueden citar breves pasajes en las reseñas.

Descargo de responsabilidad: Ninguna parte de esta publicación puede ser reproducida o transmitida de ninguna forma o por ningún medio, mecánico o electrónico, incluyendo fotocopias o grabaciones, o por ningún sistema de almacenamiento y recuperación de información, o transmitida por correo electrónico sin permiso escrito del editor.

Si bien se ha hecho todo lo posible por verificar la información proporcionada en esta publicación, ni el autor ni el editor asumen responsabilidad alguna por los errores, omisiones o interpretaciones contrarias al tema aquí tratado.

Este libro es solo para fines de entretenimiento. Las opiniones expresadas son únicamente las del autor y no deben tomarse como instrucciones u órdenes de expertos. El lector es responsable de sus propias acciones.

La adhesión a todas las leyes y regulaciones aplicables, incluyendo las leyes internacionales, federales, estatales y locales que rigen la concesión de licencias profesionales, las prácticas comerciales, la publicidad y todos los demás aspectos de la realización de negocios en los EE. UU., Canadá, Reino Unido o cualquier otra jurisdicción es responsabilidad exclusiva del comprador o del lector.

Ni el autor ni el editor asumen responsabilidad alguna en nombre del comprador o lector de estos materiales. Cualquier desaire percibido de cualquier individuo u organización es puramente involuntario.

Su regalo gratuito

¡Gracias por descargar este libro! Si desea aprender más acerca de varios temas de espiritualidad, entonces únase a la comunidad de Mari Silva y obtenga el MP3 de meditación guiada para despertar su tercer ojo. Este MP3 de meditación guiada está diseñado para abrir y fortalecer el tercer ojo para que pueda experimentar un estado superior de conciencia.

https://livetolearn.lpages.co/mari-silva-third-eye-meditation-mp3-spanish/

Tabla de contenidos

PRIMERA PARTE: ASTROLOGÍA PRÁCTICA 1
  INTRODUCCIÓN 2
  CAPÍTULO 1: INTRODUCCIÓN A LA ASTROLOGÍA PRÁCTICA 4
  CAPÍTULO 2: LOS PLANETAS 11
  CAPÍTULO 3: SABER MÁS CON NODOS Y ASTEROIDES 20
  CAPÍTULO 4: LOS DOCE SIGNOS DEL ZODIACO 28
  CAPÍTULO 5: RECORRIDO POR LAS DOCE CASAS 40
  CAPÍTULO 6: PRINCIPALES ASPECTOS PLANETARIOS 50
  CAPÍTULO 7: ASPECTOS PLANETARIOS SECUNDARIOS 57
  CAPÍTULO 8: INTERPRETAR CARTAS NATALES 65
  CAPÍTULO 9: TRÁNSITOS PLANETARIOS 72
  CAPÍTULO 10: PROGRESIONES PLANETARIAS 80
  BONUS: ¡LA PRÁCTICA ASTROLÓGICA HACE AL MAESTRO! 89
  CONCLUSIÓN 94

SEGUNDA PARTE: MAGIA PLANETARIA 96
  INTRODUCCIÓN 97
  CAPÍTULO 1: FUNDAMENTOS DE LA MAGIA PLANETARIA 98
  CAPÍTULO 2: LOS PLANETAS Y USTED 108
  CAPÍTULO 3: BRILLE CON EL SOL 117
  CAPÍTULO 4: IR MÁS ALLÁ DE LA LUNA CON LA MAGIA 128
  CAPÍTULO 5: MERCURIO, SU MENTE Y SU BOCA 139
  CAPÍTULO 6: MARTE, EL LÍDER VICTORIOSO 149

- CAPÍTULO 7: VENUS, AMOR Y LUJO 160
- CAPÍTULO 8: JÚPITER, AMPLÍE SUS RECURSOS 170
- CAPÍTULO 9: SATURNO - MANIFIESTE SU DESTINO 179
- CAPÍTULO 10: CONSTRUCCIÓN DE UN ALTAR PLANETARIO 187
- GUÍA ADICIONAL DE SIETE DÍAS PARA CONECTAR CON LOS PLANETAS 193
- CONCLUSIÓN 204
- VEA MÁS LIBROS ESCRITOS POR MARI SILVA 205
- SU REGALO GRATUITO 206
- RECURSOS 207

Primera Parte: Astrología práctica

La guía definitiva de los tránsitos astrológicos, la astrología predictiva, la lectura de cartas natales y mucho más

Introducción

La astrología existe desde hace mucho tiempo y es más antigua y compleja de lo que la mayoría de los occidentales creen. La astrología ha surgido con diversas aplicaciones, propósitos, métodos y áreas de interés en las antiguas culturas de Mesopotamia, Grecia y otras civilizaciones humanas primitivas. Durante mucho tiempo se ha recurrido a la astrología para reflexionar sobre sí mismo, conocer la naturaleza y la personalidad de los demás, entender las relaciones e incluso para saber qué depara el futuro.

Aunque algunos aspectos de la astrología se han asociado a prácticas como la adivinación, el culto y los dogmas religiosos (sobre todo en la antigüedad), la mayoría de las corrientes ve la astrología como algo que atraviesa la vida cotidiana en un sentido muy práctico. Esto es especialmente cierto hoy en día y, como verá en este libro, la astrología es algo en lo que cualquiera puede adentrarse con facilidad y alcanzar un nivel de competencia significativo.

El objetivo de este libro es enseñar todo lo necesario, no solo para empezar a estudiar astrología, sino también para aplicarla en la vida y sacarle el máximo provecho. Nos centramos en la astrología práctica, pero para realizar esta práctica correctamente, es necesario aprender mucho sobre el funcionamiento interno de esta antigua disciplina. La astrología es un tema muy popular hoy en día, especialmente en Occidente, por lo que no hay escasez de literatura sobre el tema. Sin embargo, muchos libros de astrología son bastante complicados y enrevesados y no hacen un buen trabajo ayudando a los principiantes a introducirse en la astrología práctica de una manera concisa, completa y comprensible. Las instrucciones prácticas también garantizan un alto grado de aplicabilidad una vez que se ha absorbido todo lo que enseñan los capítulos siguientes.

Como probablemente ha notado, aunque todo el mundo conoce la astrología, la mayoría no se compromete con ella más allá de leer el horóscopo diario durante la hora de la cena. Si quiere ir más allá y ver lo que la astrología práctica ofrece a un nivel más profundo, este libro es precisamente la guía que necesita. Al explorar los entresijos de cómo funciona e influye la astrología en la vida y cómo funcionan cosas como las cartas natales, se dará cuenta de que hay un mundo completo sobre el que aprender y profundizar.

Le sorprenderá darse cuenta de la influencia que tienen los planetas sobre usted. Cuando termine este libro, encontrará muchas coincidencias entre sus experiencias y lo que dicen los astros. Y lo que es más importante, aprenderá cosas nuevas sobre usted mismo y su vida. Estos descubrimientos pueden abrir nuevos caminos interesantes de los que quizá no era consciente antes.

Capítulo 1: Introducción a la astrología práctica

Como se ha mencionado brevemente, la astrología es una herramienta antigua que la humanidad ha utilizado durante milenios. Ninguna práctica o filosofía puede perdurar tanto tiempo y hacerse más popular con el tiempo sin aportar cosas interesantes. A través de generaciones, culturas, naciones, religiones y civilizaciones, la astrología se ha utilizado para echar un vistazo al futuro y, lo que es más importante, a las propias personas. Con el tiempo, la astrología ha evolucionado y cambiado bastante, tanto en su complejidad como en la forma de aplicarla prácticamente. También se ha adaptado a las diferentes culturas y a sus intereses particulares, contribuyendo al desarrollo general de la práctica.

Mucho de lo que se habla en este libro proviene de la astrología occidental, que es el foco principal. Antes de entrar en los detalles de cómo funciona la astrología occidental hoy en día, hay un capítulo introductorio para explorar los usos más antiguos de la astrología y la forma en que se desarrolló gradualmente hasta llegar a donde está hoy en día. También se establecen algunos de los fundamentos de la astrología práctica, que proporcionan una sólida comprensión de todo lo que se trata en los capítulos siguientes.

Historia de la astrología y su difusión en Occidente

Hubo un tiempo en que la historia de la astrología era, en cierto modo, también la historia de la astronomía. En la antigüedad, se observaban los cuerpos celestes en el cielo y se intentaba aprender sobre ellos, lo que dio lugar a las historias que se han contado. Al mismo tiempo, los antiguos se preguntaban cómo afectaban los planetas y estrellas a sus vidas. La astronomía y la astrología tardaron un tiempo en separarse en disciplinas claramente diferentes, adoptando la primera un método estrictamente científico. La segunda, por su parte, tomó el camino de lo espiritual, emocional e intangible.

Probablemente, todo empezó en la antigua Mesopotamia, alrededor del año 3000 a. C. o antes, cuando la gente empezó a preguntarse por las estrellas. Las primeras civilizaciones, como la sumeria, sentían fascinación por las disposiciones celestes que veían. Alrededor del año 3000 a. C., empezaron a identificar, nombrar y registrar lo que veían. Incluso antes de eso, los sumerios realizaron pinturas rupestres y otras representaciones de los planetas y sus movimientos, especialmente del sol y la luna, que consideraban que tenían una gran influencia en nuestro mundo. Se ha descubierto que estas representaciones se remontan al año 5000 a. C.

Gracias a la aguda capacidad de la mente humana para detectar patrones, estos pueblos no tardaron en tomar nota de las constelaciones más destacadas. Los babilonios contribuyeron considerablemente a aislar y nombrar varias constelaciones y cuerpos celestes. Esta civilización comenzó a florecer después del siglo XVIII a. C. y fue responsable de la creación de un zodiaco primitivo. Este se basaba simplemente en la secuencia de constelaciones en el cielo. Los babilonios observaban los planetas del sistema solar moviéndose delante de estas constelaciones o a través de su trayectoria.

Con el tiempo, los babilonios dividieron el zodiaco en doce zonas iguales, basadas en doce constelaciones fácilmente discernibles. A varias de estas constelaciones les dieron nombres de animales y otras cosas de la vida cotidiana y la cultura. Con el tiempo, estos conceptos se extendieron y llegaron a la antigua Grecia, al noroeste, donde el sistema recibió el nombre de *zodiakos kyklos*, que significa «círculo animal». Estos fueron los inicios de la astrología en Europa y, posteriormente, en el mundo occidental.

Probablemente, la astrología empezó a tomar su forma actual cuando la gente empezó a darse cuenta de que ciertas posiciones y acontecimientos celestes tendían a correlacionarse con los sucesos de nuestro planeta. Los antiguos babilonios construyeron las llamadas torres estelares, que utilizaban únicamente para observar mejor el universo visible. Algunas de las primeras anotaciones que hicieron sobre el cielo incluían el hecho de que algunas estrellas y planetas parecían permanecer inmóviles, mientras que otros se movían por el cielo. Esta primera observación, muy rudimentaria, allanó el camino para otras observaciones y no pasó mucho tiempo para que se desarrollara toda una disciplina alrededor de la observación de los cielos.

Al principio, los antiguos asociaban movimientos y alineaciones planetarias con acontecimientos terrenales que consideraban importantes, como la coronación de los reyes. Poco tiempo después, la gente empezó a hacer todo tipo de asociaciones y asignar connotaciones religiosas a las estrellas, y fue entonces cuando la astronomía y la astrología se despegaron realmente. Aparte de las antiguas culturas mesopotámicas, como los sumerios y los acadios (babilonios), los antiguos egipcios también incluían las estrellas en su culto.

Egipto fue probablemente la fuente de la que partió la astrología hacia la antigua Grecia. Es difícil decirlo con absoluta certeza, pero una teoría dice que Persia adoptó ciertas tradiciones tras sus conquistas en Egipto antes de ser conquistada por Alejandro Magno. Las tres culturas tenían algún tipo de práctica astrológica. Las conquistas de Alejandro condujeron a la fusión de estas tradiciones y, posteriormente, a la aparición de la astrología helenística, también conocida como astrología tradicional. Esta es una de las escuelas antiguas de astrología que persiste hasta nuestros días. A partir de entonces, los antiguos griegos desarrollaron mucho la astrología y sus disciplinas al tiempo que realizaban avances en astronomía.

Esta fusión de tradiciones se produjo durante los siglos III y II a. C. en Alejandría, en lo que entonces era el Egipto helénico, bajo la dinastía ptolemaica, establecida por Alejandro Magno durante sus conquistas. Los eruditos de Alejandría fueron quienes adoptaron la astrología babilónica de Mesopotamia y la combinaron con las tradiciones astrológicas prehelénicas de Egipto. Así surgió el concepto de astrología horoscópica tal y como lo conocemos hoy en día. Las tradiciones babilónicas aportaron la idea de la rueda zodiacal y las exaltaciones planetarias, entre otros elementos. Posteriormente, el zodiaco se dividió en 36 partes de diez grados, según las ideas egipcias, que se adaptaron a los dioses griegos y sus correspondientes planetas y a los elementos y el gobierno de los signos.

Algunos de los avances más importantes de esta primera astrología occidental se deben al astrónomo y astrólogo griego y romano Ptolomeo. Ptolomeo vivió entre los años 100 y 170 d. C. en Alejandría, en la época romana de Egipto. Uno de sus principales aportes a la astrología horoscópica fue el *Tetrabiblos* («Cuatro libros»). Estos escritos sentaron las bases del desarrollo posterior de la astrología occidental y fueron legendarios para los astrólogos durante los dos milenios siguientes. El texto se tradujo al latín en el siglo XII y a partir de entonces circuló por toda la Europa medieval, lo que contribuyó a extender su influencia.

Antes de que se reavivara el interés de Europa por la astrología, esta avanzó considerablemente en el mundo árabe durante la Edad Media europea, ya que sus enseñanzas estaban mal vistas por el dogma cristiano establecido. Los árabes difundieron esta práctica durante sus expansiones en los siglos VII y VIII por Asia, el cercano Oriente y el norte de África. Más allá de la astrología horoscópica, en esa época los árabes mantuvieron un gran interés por la astronomía y los descubrimientos de Ptolomeo, construyendo observatorios y desarrollando aparatos como el astrolabio. Tenían en gran estima la astrología como medio de predecir el futuro y como fuente de orientación en la vida cotidiana.

El verdadero resurgimiento de la astrología en Europa se produjo durante el Renacimiento. A finales de este periodo, en el siglo XVII, la astrología occidental había recorrido un largo camino y se había vuelto bastante compleja. Durante al menos tres milenios, había evolucionado hasta convertirse en una práctica enriquecida por grandes culturas, lo que la convertía en una fusión única a medio camino entre la ciencia y la divinidad. A lo largo del Renacimiento, la astrología fue una práctica a la que científicos, intelectuales y filósofos consumados se dedicaron a menudo como proyecto paralelo. Así fue como se abrió camino en las universidades, el arte, la literatura e incluso la arquitectura, impregnando todas las facetas del mundo occidental.

La astrología entró en un periodo de declive a partir de finales del siglo XVII. Es difícil decir cuál fue la causa de este declive. Sin embargo, es probable que se debiera a una mezcla de factores que van desde un giro brusco hacia la ciencia rígida y dura hasta la intolerancia de la clase dirigente religiosa, especialmente en el mundo católico. No hay constancia de que las autoridades religiosas persiguieran a los astrólogos en Occidente. Aun así, el creciente escepticismo de la Iglesia católica hacia esta práctica probablemente contribuyó a un fuerte descenso de la popularidad y la práctica de la astrología en los ámbitos político y social.

La llegada del método científico moderno y de los principios newtonianos a la ciencia asestó el golpe definitivo a la astrología como práctica establecida en todos los estratos de la sociedad. Antes del siglo XVII, la astrología se practicaba incluso en el sistema judicial, pero eso cambió lentamente a partir del siglo XVII. En la segunda mitad del siglo XVIII, la astrología fue desterrada de las universidades, lo que la apartó de los círculos intelectuales occidentales. Además de empujar a la astrología hacia aguas más oscuras, estos cambios afectaron la calidad de la práctica. Con el paso del tiempo, menos intelectuales y científicos se dedicaron a ella, lo que redujo el ritmo de desarrollo de la disciplina.

No obstante, la astrología perseveró como práctica y objeto de gran fascinación durante los dos siglos siguientes, hasta que experimentó un resurgimiento significativo en el siglo XX. Se podría incluso afirmar que la astrología está ahora más popularizada que nunca en los últimos milenios. De hecho, ha vuelto a introducirse lentamente en los círculos intelectuales, con un número creciente de académicos interesados.

Bases de la astrología práctica

Aunque muchas mentes estrictamente científicas consideran que la astrología es una pseudociencia, esta disciplina ha demostrado repetidamente sus beneficios. Al fin y al cabo, no es de extrañar que los científicos no vean con buenos ojos la astrología, pero esto no quita mérito a la práctica, que nunca ha pretendido competir con la ciencia. No tiene ninguna ambición ni razón para competir con la física o la química, sino que trata de aventurarse más de lo habitual para encontrar respuestas que la ciencia no está preparada para dar.

A lo largo de los años, algunos científicos han intentado establecer bases o modelos científicos para la astrología, aunque con avances limitados. Por ejemplo, un psicólogo y estadístico francés, Michel Gauquelin, investigó algunas correlaciones astrológicas interesantes. En concreto, descubrió que, estadísticamente hablando, existen conexiones indicativas y posiciones planetarias que coinciden en las cartas natales de personas exitosas en los deportes, las artes y muchos otros ámbitos.

La búsqueda de respuestas científicas con respecto a la astrología puede o no producir resultados a largo plazo, pero la práctica sigue creciendo en popularidad independientemente del resultado de tales búsquedas. La astrología se ha hecho tan popular, que ha entrado en la vida cotidiana de millones o incluso miles de millones de personas en todo el mundo, y es precisamente ahí donde la disciplina se encuentra más a gusto. La práctica ha florecido hasta convertirse en lo que siempre se ha esforzado por ser. Es una herramienta que gusta a personas normales y distinguidas que la usan para encontrarse a sí mismas y su propósito en este universo, al tiempo que aprenden a ser mejores personas.

A fin de cuentas, ¡eso es la astrología! Es una guía que proporciona perspectivas que no se pueden obtener en ningún otro lugar, que no pueden hacer daño y que ofrecen oportunidades para hacer cambios positivos y salir adelante. Como mínimo, se trata de empatizar más consigo mismos y con los demás a través del aprendizaje y la comprensión.

Aunque no es un estudio exacto, la astrología se define en términos prácticos como un campo de estudio que se centra en una conexión sutil y causal entre lo que ocurre con los cuerpos celestes que están sobre nosotros y los acontecimientos que suceden en nuestro planeta. Quienes se dedican a este campo y practican sus métodos se conocen como astrólogos. La astrología práctica suele centrarse en áreas que interesan a la mayoría de la gente, como la carrera profesional, la salud en sentido amplio, las relaciones, la suerte o el destino y otros ámbitos similares de la vida humana.

Los horóscopos semanales y mensuales son las manifestaciones más comunes de la astrología en la vida cotidiana, pero la astrología va infinitamente más allá de la sección de entretenimiento de una revista diaria o semanal. Como descubrirá en este libro, la astrología es una práctica compleja con muchas capas y mucho que desentrañar en el aspecto teórico. Por ello, los astrólogos profesionales son expertos dedicados, versados e informados que utilizan amplios conocimientos teóricos para leer los acontecimientos celestes que suceden a nuestro alrededor y sus implicaciones en nuestras vidas.

Uno de los asuntos más importantes de la astrología práctica es la posición del sol, la luna y los planetas del sistema solar en el momento del nacimiento. Como aprenderá en este libro, la colocación de estos cuerpos celestes en el cielo es un tema clave y es la fuente de la mayoría de las predicciones y análisis de los astrólogos. Además, el movimiento de esos cuerpos es otro factor clave que interviene en el destino astrológico, especialmente en las predicciones. Para todo ello, la astrología práctica se centra en dos áreas principales: el análisis de la personalidad y las predicciones sobre el futuro.

La astrología práctica estudia los rasgos inherentes y las energías de los planetas que componen nuestro sistema solar, además de la luna y el sol. La astrología más avanzada también tiene en cuenta otros cuerpos celestes que se encuentran vagando por nuestro sistema. A lo largo de los capítulos siguientes, se examinarán más detenidamente las características de todos estos objetos y cómo interactúan con nosotros. Por supuesto, otra de las principales áreas de interés son los doce signos del zodiaco que todos conocemos. Estos signos tienen rasgos y características inherentes que los hacen únicos y hacen que interactúen con los planetas de maneras determinadas. Más allá de los signos y los planetas, la astrología práctica estudia muchos otros factores, como los aspectos planetarios, las progresiones, las casas astrológicas y mucho más. Estos son los fundamentos que todo aspirante a astrólogo debe comprender antes de realizar sus propias lecturas astrológicas con competencia.

La frase «Como es arriba, es abajo» es quizás el mejor resumen de la astrología. Esta frase ha existido durante siglos, o incluso milenios, y se ha asociado con la religión y otros aspectos de la experiencia humana. En astrología, es una descripción literal, palabra por palabra. «Como el universo, así es el alma» suele seguir a la primera frase, comunicando el mensaje de la astrología de que nuestras vidas, experiencias, potencial, propósito, amor, dolor y alma son constantemente influidos por algo mucho mayor, algo que ocurre por encima de nosotros mientras dormimos, caminamos y hablamos y que continuará por toda la eternidad, mucho después de que nos hayamos ido.

Capítulo 2: Los planetas

Sistema solar
https://pixabay.com/images/id-3880590/

Puesto que la esencia misma de la astrología es descubrir cómo los cuerpos celestes y sus propiedades influyen en la vida, el paso inicial para dominar la astrología práctica es aprender sobre los planetas, en particular sobre su energía. Aunque los nueve planetas, la luna y el sol de nuestro sistema solar son generalmente las influencias más fuertes, hay otros cuerpos celestes que se deben tener en cuenta, como aprenderá más adelante en el libro. Por ahora, nos centramos en los nueve planetas de nuestro sistema solar, así como en el sol y la luna, clasificados como planetas en la astrología y conocidos como «luminarias», porque son los objetos más brillantes del cielo.

Sol

- **Color:** Dorado.
- **Piedras:** Ojo de tigre, citrino, cornalina, rubí.
- **Palabras clave:** Ego, personalidad, vitalidad, conciencia.

Al igual que los signos del zodiaco, todos los planetas tienen sus glifos individuales, que son símbolos que los representan a ellos y a sus características de forma breve, concisa y visual. El glifo del sol es un círculo con un punto en el centro, que representa la vida y el papel central del sol en todo lo que tiene que ver con ella, tanto en el ámbito personal como en el general.

Los astrólogos suelen referirse al sol como la luminaria de la vida, el yo o el ego. Al igual que otros planetas, el sol está asociado con palabras clave que describen mejor lo que simboliza, como personalidad, conciencia, vitalidad, confianza y creatividad. El sol también se caracteriza por tener una energía claramente masculina y a menudo regir las influencias masculinas de la vida. El sol tarda aproximadamente un mes en transitar entre los signos zodiacales y doce meses en recorrer todo el zodiaco.

El sol está en auge cuando está en Aries, en caída cuando está en Libra y en detrimento en Acuario. Como todos los demás planetas y cuerpos celestes importantes, el sol ha tenido muchas asociaciones divinas en diferentes culturas a lo largo de la historia. Se ha asociado con el dios solar romano Sol Invictus, con los griegos Apolo y Helios y con el babilónico Shamash. La energía solar es la esencia del ser humano y determina quiénes somos y cómo lo expresamos al mundo. Su inmenso poder es evidente en la mayoría de los leo, que es el signo que rige.

Luna

- **Color:** Plateado.
- **Piedras:** Piedra lunar, celestita, amatista.
- **Palabras clave:** Subconsciente, instinto, hábitos, emociones, estado de ánimo.

La luna está representada por una media luna, un glifo que se explica por sí mismo. Sin embargo, también tiene algunos significados más sutiles, ya que representa el lado emocional, la evolución y la naturaleza oculta de las cosas. Así, los astrólogos suelen referirse a la luna como la luminaria de las emociones, asociándola con los instintos, los hábitos, el subconsciente, los recuerdos, la intuición, el estado de ánimo y otras características sutiles que hacen que seamos quienes somos.

La luna pasa rápidamente de un signo zodiacal a otro, en solo dos o tres días. Además, la luminaria de las emociones está exaltada en Tauro, en detrimento en Capricornio y en caída en Escorpio. Tradicionalmente, se la ha asociado con deidades romanas como Luna y Diana, las griegas Selene y Artemisa y la babilónica Sin, entre otras. En pocas palabras, la luna tiene que ver con el mundo interior y ejerce una enorme influencia sobre el estado de ánimo de toda la humanidad. En muchos sentidos, la naturaleza sutil y serena de la energía lunar es lo contrario al sol. Mientras que el sol rige la expresión y las relaciones con el mundo exterior, la luna es una fuerza que guía la autorreflexión y el autodescubrimiento. Esta luminaria rige Cáncer, un signo que presenta muchos de los rasgos de la luna.

Mercurio

- **Color:** Naranja.
- **Piedras:** Fluorita, ónix, aguamarina.
- **Palabras clave**: Comunicación, razón, inteligencia, lenguaje, mente.

El glifo de Mercurio, también llamado caduceo de Mercurio, consiste en un círculo central con una cruz colgando de la parte inferior y un semicírculo que sobresale de la parte superior, representando dos cuernos. La cruz se añadió en el siglo XVI y algunos astrólogos la interpretan como una representación del verdadero yo interior que anhela expresarse y manifestarse. Los cuernos en la parte superior del glifo hacen que el símbolo destaque, significando una inclinación hacia algo superior, particularmente en términos de comprensión e intelecto.

Mercurio tarda de tres a cuatro semanas en pasar de un signo a otro y retrogradó cuatro veces en 2022; cada ciclo retrógrado dura algunas semanas. Los retrógrados se produjeron entre el 14 de enero y el 3 de febrero, el 10 de mayo y el 3 de junio, el 10 de septiembre y el 2 de octubre, y del 29 de diciembre al 18 de enero de 2023.

Este planeta se ha asociado tradicionalmente con el dios griego Hermes, protector de viajeros, comerciantes y oradores. Del mismo modo, los babilonios adoraban a Mercurio como Nabu, que representaba al dios de la alfabetización y la sabiduría, a la vez que era protector de los escribas. Mercurio está en detrimento en Sagitario, exaltado en Virgo y en caída cuando está en Piscis. Los romanos consideraban a Mercurio el mensajero de los dioses, lo que ilustra aún más la fuerte asociación del planeta con la comunicación. La energía de este planeta es intelectual y curiosa, influye en la curiosidad, la razón y el análisis. Mercurio es uno de los motores del deseo de expresarse por cualquier medio.

Venus

- **Color:** Rosado.
- **Piedras:** Ópalo, jade, cuarzo rosa.
- **Palabras clave:** Armonía, arte, relaciones, belleza, amor.

Venus es representada por un glifo que es esencialmente igual al de Mercurio sin el semicírculo ni los cuernos en la parte superior. Es el mismo símbolo utilizado para representar el género femenino y la feminidad en general. Esto está relacionado con lo que representa el planeta y sus equivalentes divinos, como la diosa romana Venus. Venus es un símbolo común de las energías femeninas, pero en un sentido más estricto en astrología, representa el romance, el amor, la belleza, la sexualidad y otras cualidades similares. Venus también se asocia con la deidad griega Afrodita, venerada como diosa de la fertilidad, la belleza, la pasión y otros conceptos similares a los de Venus. La diosa Inanna era el antiguo equivalente mesopotámico de estas deidades, también asociadas con Venus.

La transición de Venus entre signos zodiacales dura entre cuatro y cinco semanas y el planeta tuvo un retrógrado en 2022, que sucedió entre el 19 de diciembre de 2021 y el 29 de enero de 2022. Además, Venus se encuentra exaltado en Piscis, en detrimento en Aries y Escorpio, y decaído en Virgo. La energía astrológica de Venus y su influencia tienen que ver con la belleza, y este planeta es generalmente considerado una de las influencias más deseables en nuestros cielos. Venus tiende a tener una enorme influencia y a regir aspectos de la vida como el romance, las relaciones y la atracción. La influencia amorosa y embellecedora de Venus es lo que trae armonía y alegría a la vida, a la vez que refuerza el impulso creativo.

Marte

- **Color:** Rojo.
- **Piedras:** Piedra de sangre, granate, jaspe rojo, cornalina, hematita.
- **Palabras clave:** Pasión, coraje, agresión, deseo, competitividad.

El glifo que representa a Marte es un círculo con una flecha que sobresale y apunta hacia la parte superior derecha, el mismo signo utilizado para simbolizar el género masculino. Esto no es casual, ya que muchos de los rasgos de Marte están asociados con la energía masculina. En la antigua Roma, Marte era adorado como el dios de la guerra y estaba asociado con temas similares en la antigua Grecia, como el dios Ares. En la antigua Mesopotamia, Marte simbolizaba a Nergal, que también estaba relacionado con la guerra, la muerte y otros temas similares.

Marte tarda entre seis y siete semanas en pasar de un signo zodiacal a otro y atravesó un ciclo retrógrado en 2022, que comenzó el 30 de octubre y terminó el 12 de enero de 2023. Marte está exaltado en Capricornio, en detrimento cuando está en Tauro o Libra, y decayendo en Cáncer. Dada la naturaleza testaruda, agresiva y altamente dinámica de Marte y su energía, esto no es sorprendente. La energía agresiva de Marte es ruidosa y claramente visible para todos, por lo que a menudo es considerado el guerrero de los planetas. Este planeta rige todas las influencias ardientes que impulsan a los individuos agresivos y audaces, lo que se refleja en los signos regidos por Marte: Aries y Escorpio. La energía de Marte también es física y la posición del planeta en el momento del nacimiento influye en muchos aspectos físicos de la vida, como la vitalidad y el atletismo.

Júpiter

- **Color:** Verde.
- **Piedras:** Lapislázuli, amatista, topacio, turquesa.
- **Palabras clave:** Crecimiento, expansión, suerte, entendimiento, abundancia.

El glifo de Júpiter es un semicírculo o media luna con una cruz lateral en el lado derecho. Todo el símbolo se asemeja a un número cuatro escrito a mano y algo deformado. Los astrólogos interpretan el glifo como algo relacionado con el aprendizaje, la comprensión profunda y la evolución que conlleva ese crecimiento. Al igual que la cruz sostiene el semicírculo, Júpiter sostiene, enseña y guía a otros dioses.

Tradicionalmente, Júpiter era un ayudante de otros dioses en la guerra y en otras misiones. En el hinduismo, por ejemplo, Júpiter se ha asociado con Guru («maestro»), también conocido como Brihaspati («señor de la oración»), que es una antigua figura divina vista como una especie de consejero de los dioses. Júpiter también ha desempeñado un papel central en los panteones de otras culturas antiguas. En Grecia, se asociaba con Zeus, el rey de los dioses del Olimpo. Júpiter, también conocido como Jove, desempeñaba un papel muy similar en la antigua Roma.

Júpiter tarda un tiempo considerable en realizar la transición entre signos, normalmente más de un año. También atravesó un ciclo retrógrado en 2022, entre el 28 de julio y el 23 de noviembre. Este planeta está en detrimento cuando está en Géminis o Virgo, exaltado en Cáncer y en caída en Capricornio. La energía y la influencia de Júpiter son tan masivas como el tamaño físico de este gigante gaseoso. Rige muchos aspectos importantes de la vida humana como la suerte, la abundancia, la sabiduría y la espiritualidad en general. Los astrólogos también consideran que la energía de Júpiter es expansiva, por lo que es la fuerza que impulsa al ser humano a crecer y ampliar sus horizontes. Sagitario lo ejemplifica especialmente.

Saturno

- **Color:** Gris.
- **Piedras:** Ónix, azabache, hematita, ojo de tigre.
- **Palabras clave:** Estructura, límites, disciplina, responsabilidad, ambición, ley, orden.

Saturno es simbolizado por un glifo que consiste en una curva en forma de oreja con una cruz en la parte superior izquierda. Algunos astrólogos sugieren que representa una especie de equilibrio entre la comprensión de la vida y la aceptación de algunos de los hechos más duros de la existencia, como la muerte, el envejecimiento y la decadencia. También es posible que la curva represente una hoz, lo que corresponde con las antiguas asociaciones de Saturno con la agricultura. En Grecia, por ejemplo, a Saturno se le conocía como Cronos, el primero de los titanes, conocido por comerse a sus hijos debido a la profecía de que uno de ellos le derrocaría, como él había hecho con su padre. Cronos era representado a menudo blandiendo una hoz. Como con muchas otras deidades y mitos, la asociación se trasladó a la antigua Roma, donde se adoraba a Saturno como dios del tiempo, la generación, la disolución, la riqueza y otros conceptos, además de la agricultura.

Saturno tarda más en realizar la transición entre signos, ya que está más lejos del sol que cualquiera de los planetas mencionados anteriormente. La transición dura entre dos y tres años. Saturno también experimentó un retrógrado entre el 4 de junio y el 23 de octubre de 2022. Este planeta se exalta cuando está en Libra, está en detrimento cuando está en Cáncer o Leo y en caída cuando entra en Aries. Aparte de las asociaciones mencionadas anteriormente, Saturno también está relacionado con los límites y las reglas, fomentando un sentido de la disciplina. La energía de este planeta no es tan cálida y nutritiva como la de otros, pero su influencia es muy necesaria para el ser humano como especie. En la antigua Roma, se creía que Saturno era la fuente de la civilización por su capacidad para poner orden.

Urano

- **Color:** Azul-verde.
- **Piedras:** Aventurina.
- **Palabras clave:** Excéntrico, modificable, impredecible, rebelde.

Al igual que Neptuno y Plutón, Urano fue descubierto hace relativamente poco tiempo, por lo que sus símbolos se idearon por primera vez en el siglo XVIII. Generalmente se utilizan dos glifos, el primero es una combinación de los símbolos alquímicos del hierro y el oro, que representa el platino. Es esencialmente el símbolo masculino con un punto en el centro y la flecha apuntando hacia arriba. El segundo glifo, más utilizado en astrología, es el monograma de Herschel, llamado así por el astrónomo que descubrió el planeta. Consiste en una forma muy similar a la letra «H» mayúscula y una línea vertical que atraviesa el centro con un pequeño círculo adosado en la parte inferior.

Urano lleva el mismo nombre que la deidad griega que se consideraba el padre de los titanes. Uno de ellos es Saturno, esposo de Gea y dios del cielo. Este lejano planeta tarda siete años en cambiar de signo zodiacal, y en 2022 experimentó dos retrogradaciones. El primer retrógrado comenzó el 19 de agosto de 2021 y terminó el 18 de enero de 2022, mientras que el segundo comenzó el 24 de agosto y terminó el 23 de enero de 2023. Urano está exaltado en Escorpio, en detrimento en Leo y en caída en Tauro. La energía de Urano es una fuerza rebelde, pero también impulsa la innovación, el progreso y el cambio en general. Al ser el primer planeta descubierto con un telescopio, Urano es una especie de pionero entre los planetas.

Neptuno

- **Color:** Azul.
- **Piedras:** Sodalita.
- **Palabras clave:** Intuición, imaginación, misticismo, sueños.

Al llevar el nombre del dios romano de los mares, Neptuno, equivalente del Poseidón griego, el glifo de este planeta es un símbolo bastante claro. Es el tridente de Neptuno, un glifo muy conocido que se asemeja a una forma de tenedor con tres puntas. Neptuno se ha asociado con el agua, en general, en diferentes culturas, más allá del gobierno de los mares. Por ejemplo, en la mitología india y las tradiciones hindúes, el equivalente de Neptuno es Varuna, el dios de la lluvia, el cielo, la justicia, la verdad y muchas otras cosas.

Neptuno tarda hasta doce años en realizar la transición entre signos debido a su gran distancia del Sol. Además, en el 2022 tuvo un retrógrado, que se verificó entre el 28 de junio y el 4 de diciembre. Este planeta está exaltado en Leo, en detrimento en Virgo y en caída en Capricornio. Principalmente, la energía de Neptuno es de misterio e incertidumbre. Las asociaciones de este planeta tienen mucho que ver con las cosas que surgen de lo más profundo de nuestro ser, incluidos los sueños. Su energía también es responsable de las ilusiones, la confusión y todo lo que resulta difícil de comprender. Al mismo tiempo, Neptuno puede inspirar y reforzar la imaginación, de modo que los esfuerzos creativos resultan más fructíferos. Dependiendo de su posición en el momento del nacimiento, Neptuno influye en las personas para que se conviertan en grandes artistas. Sin embargo, su naturaleza confusa e ilusoria también puede hacer que el individuo sea propenso al escapismo y a la incertidumbre.

Plutón

- **Color:** Rojo oscuro.
- **Piedras:** Jaspe rojo.
- **Palabras clave:** Evolución, muerte, poder, transformación.

Los astrónomos, astrólogos y otros observadores han utilizado muchos glifos para representar este planeta. Uno de los más comunes consiste en un bidente que descansa sobre una base en forma de cruz, con un pequeño círculo conocido como el orbe de Plutón entre las dos puntas de la parte superior. El bidente simboliza el bidente de Hades, el dios griego del inframundo, más tarde rebautizado como Plutón. Este glifo es el que se utiliza habitualmente en astrología. Sin embargo, otro símbolo común que representa a este planeta enano es un simple monograma formado por las letras «P» y «L», que representan las iniciales de Percival Lowell, el descubridor del planeta.

Plutón es el planeta enano más lejano de nuestro sistema solar, y tarda entre doce y quince años en cambiar de signo zodiacal. El planeta enano también atravesó un ciclo retrógrado entre el 29 de abril y el 8 de octubre de 2022. Plutón está exaltado en el signo de Aries, en caída en Leo, y en detrimento cuando está en Tauro. Aunque se asocia con el dios de la muerte y el inframundo, Plutón es el planeta del renacimiento y la transformación. La energía de Plutón es una fuerza regeneradora para las personas y el mundo. Al igual que otros planetas de transición lenta, Plutón es una influencia que se manifiesta lentamente a través de las generaciones más que de forma inmediata en la vida de un individuo. Como tal, es una influencia sutil, pero su energía conduce a grandes transformaciones a largo plazo.

Capítulo 3: Saber más con nodos y asteroides

Después de familiarizarse con la información básica sobre los planetas en la breve introducción del capítulo anterior, es hora de explorar otros aspectos más profundos de la astrología. Los nodos y los asteroides, por ejemplo, son factores adicionales que desempeñan un papel importante en las lecturas astrológicas más sofisticadas y precisas, sobre todo a la hora de confeccionar la carta astral, a la que nos referiremos más adelante. La astrología práctica consiste en obtener toda la información posible sobre las circunstancias astrológicas del nacimiento y la vida de una persona y esto incluye conceptos que a menudo se pasan por alto, como los nodos y los asteroides.

Nodos

Mientras que el signo del zodiaco o las casas astrológicas dan una idea de la personalidad de alguien y le ayudan a aprender cosas sobre sí mismo, los nodos lunares tienen un propósito diferente. En los términos más sencillos, el propósito de analizar los nodos lunares es obtener una visión del futuro. Más concretamente, los nodos ayudan a descubrir el propósito en la vida de alguien y los objetivos a largo plazo en los que debe centrarse. Como todo en astrología, estos nodos no son una ciencia exacta. No predicen el futuro como una bola de cristal, pero analizarlos puede dar ideas y pistas útiles para sacar conclusiones.

Los nodos lunares suelen analizarse como parte de la lectura de la carta natal, en la que el lector analiza, entre otras cosas, el movimiento y el eje de la eclíptica en el momento del nacimiento. Los nodos lunares incluyen el nodo norte y el nodo sur, cada uno asociado con ciertos aspectos del futuro y del pasado. Tienen que ver con el camino que se recorre en la vida, centrándose no solo en las experiencias y decisiones que se toman, sino también en cosas como el aprendizaje y el crecimiento en el sentido más amplio. Por este motivo, los nodos también se denominan nodos del destino.

Al observar una carta astral típica, se dará cuenta de que los nodos norte y sur están en lados opuestos. Lo primero que se debe tener en cuenta es que estos nodos no son cuerpos celestes como planetas o estrellas. Son puntos determinados matemáticamente y, en una carta astral, se ubican en dos signos zodiacales opuestos. Estos puntos matemáticos dependen de la relación entre el sol, la luna y la Tierra en el momento del nacimiento. La parte matemática del cálculo de la posición de los nodos puede resultar un poco complicada. Aun así, los generadores de cartas natales y los astrólogos expertos los determinan basándose en la información relativa al nacimiento. Basta con decir que los nodos de una carta astral se encuentran en el punto en el que confluyen la trayectoria mensual de la luna y la trayectoria anual del sol a través del zodíaco. En general, las personas recurren a sus nodos lunares cuando se sienten atormentadas por preguntas relativas a lo que deben hacer en la vida o a su propósito, tanto específico como amplio. Sin embargo, los nodos también pueden dar una idea de cómo hemos llegado a donde estamos mirando al pasado, quizá incluso más allá de esta vida.

En términos sencillos, el nodo sur habla de dónde venimos, mientras que el nodo norte trata de adónde vamos, sobre todo en esta vida. Aunque están separados, los dos nodos lunares están estrechamente relacionados, por lo que leer uno sin el otro es inútil. Se alimentan y dependen el uno del otro, del mismo modo que el futuro a menudo está conectado con el pasado, al menos porque el pasado debe superarse para seguir adelante.

Puesto que el nodo sur se refiere a las cosas que se traen a esta vida desde el principio, se asocia con regalos y equipaje, ya sea emocional, kármico o de cualquier otro tipo. Por otro lado, el nodo norte representa las oportunidades para superar ese bagaje y crecer fuera de las limitaciones, alterar el camino en la vida y mejorar. A veces, los nodos también se denominan Cola de dragón (nodo sur) y Cabeza de dragón (nodo norte).

Muchos astrólogos se refieren al nodo norte como el «destino kármico» del individuo en la vida actual. Representa el objetivo final hacia el que alguien se dirige, que en última instancia depende de las lecciones de vidas pasadas. Como tal, el nodo norte no trata de analizar su carácter y personalidad, sino que se centra por completo en predecir los resultados futuros. Muchos astrólogos ven el nodo norte como algo naturalmente difícil de tratar, por lo que a menudo la gente no aborda su verdadero significado hasta pasados los treinta. Cuando se trata del futuro, el nodo norte también se asocia a menudo con lo desconocido, lo que naturalmente produce inquietud y ansiedad en las personas.

La mejor forma de abordar las implicaciones de su nodo norte es incorporar las cualidades de su signo en la carta. Puesto que el nodo sur concierne a todas aquellas cosas que usted ya es, naturalmente es un lugar más cómodo. No es casualidad que los nodos caigan en lados opuestos de la carta, ya que hay un gran salto entre ellos. El nodo norte conlleva muchas cualidades que parecen extrañas a primera vista, pero esas son las cosas en las que tiene que centrarse para mejorar usted y su vida. En la práctica, se trata de analizar el signo y la casa del nodo norte para averiguar qué aspectos de su vida y de su personalidad necesita trabajar.

Esos aspectos son los asuntos que prefiere evitar y de los que prefiere escapar, en lugar de enfrentarse a ellos. Son áreas en las que sabe que debe mejorar, pero aún no ha reunido la fuerza para hacerlo. Y como muchas personas ni siquiera saben qué es exactamente lo que necesitan cambiar, esto es precisamente lo que el nodo norte puede revelar. Abrazar el nodo norte y prestar atención a su guía es el primer paso para controlar su destino y alcanzar el sentido de propósito que surge de la comprensión de sus nodos.

Como puede ver, el nodo sur es lo opuesto al nodo norte en muchos sentidos. Este nodo es su base, representa todo lo que ya sabe y domina. Es su zona de confort, un territorio familiar y un lugar al que recurrir cuando las cosas se ponen difíciles. Esto no quiere decir que sea menos importante, pero el objetivo es construir sobre esta base para convertirse en la persona que quiere ser. Tener el nodo sur como punto de apoyo es bueno, siempre y cuando no se convierta en evasión y pasividad.

En lo que respecta a la luna, otro tema digno de mención es la llamada Luna negra Lilith. Este concepto suele ser analizado por astrólogos más avanzados que el promedio con la esperanza de revelar algunos aspectos adicionales de las personas y la vida. Lilith se refiere principalmente a las cosas que yacen ocultas, como los oscuros deseos sexuales y otros aspectos ocultos del ser. En términos más sencillos, la Luna negra de Lilith representa el punto más distante de la órbita lunar alrededor de la Tierra. Las asociaciones primarias de Lilith incluyen impulsos primitivos, instintos, deseos y pensamientos reprimidos, el subconsciente y el verdadero yo oculto en su forma más cruda. Algunos astrólogos se refieren a esto como nuestro «yo en la sombra».

Asteroides

Como ya se ha mencionado brevemente, las influencias astrológicas no solo proceden de los planetas y las constelaciones. Los asteroides desempeñan un papel importante, pero a menudo ignorado, en el destino astrológico. Por lo tanto, es necesario tener al menos una comprensión básica de lo que son en un sentido astrológico, a cuáles se debe prestar atención y qué representan exactamente. Algunos cometas y meteoritos también desempeñan un papel importante. Al analizar todos estos factores, las lecturas astrológicas ofrecen mucha más información que el típico análisis superficial del horóscopo diario. Incluso con astrólogos expertos, a veces los planetas principales no dicen lo suficiente para responder algunas de las preguntas más complicadas de cada historia específica y única. Por eso es importante tener en cuenta todas las capas adicionales que aportan los asteroides, los cometas y otros fenómenos celestes.

Al igual que la astrología clasifica al sol y la luna como «planetas», la clasificación de «asteroides» incluye esos dos grupos de cuerpos celestes que acabamos de mencionar. Hay unos cuantos asteroides en los que fijarse, dependiendo de qué tanto se quiera profundizar en la lectura. Algunos asteroides son más influyentes y venerados que otros, por lo que es bueno saber en cuáles centrarse si tiene prisa por leer una carta lo más rápido posible. Algunos de los asteroides más comunes son:

- Ceres.
- Quirón.
- Palas.
- Juno.
- Vesta.

- Eros.
- Safo.
- Psique.
- Eris.
- Folo.
- Sedna.
- Chariclo.
- Haumea.
- Makemake.
- Hygeia.

Ceres es un asteroide, o más exactamente un planeta enano, que irradia una energía amorosa y nutritiva parecida a la fuerza de la maternidad. Es un indicador valioso en las lecturas de cartas astrales porque revela cosas sobre las partes tiernas de la propia naturaleza y enseña cómo ser más cariñosos y afectuosos con quienes nos rodean, al tiempo que ayuda a entender lo que se necesita en la vida para ser correspondido. Ceres debe su nombre a la diosa romana de la agricultura y está estrechamente relacionado con la tierra, el sustento y la nutrición. Ceres también se asocia con los ciclos naturales de la vida, incluidos el nacimiento y la muerte.

Quirón, también conocido como el sanador de heridas, hace hincapié en la curación y la superación de los traumas y el dolor que persiguen a alguien a lo largo de la vida. El nombre Quirón procede de la mitología griega, en concreto del centauro Quirón. Este ser, mitad hombre y mitad caballo, era un sanador, pero sufrió una herida que no pudo curar y tuvo que sufrir inmensamente hasta que le llegó el descanso entre las estrellas. El destino de Quirón es un poderoso símbolo de lo que significa este asteroide. Representa el punto más débil y el dolor que se puede estar cargando, que es único para cada individuo. El poder de Quirón reside en mostrar cómo superar esa dolorosa herida y enseñar a los demás a superar las suyas.

Palas tiene una energía similar a la de Marte en algunos aspectos. Este asteroide y su deidad asociada también se conocen como Palas Atenea, y sus principales áreas de influencia incluyen la estrategia, la sabiduría y las búsquedas intelectuales. En la mitología griega, Palas también era hermana de Ares (Marte). Representaba una influencia más racional y contenida, asociada con la guerra, la justicia y la sabiduría en la lucha, en contraste con la naturaleza altamente agresiva de su hermano. La influencia de Palas se manifiesta en aspectos como el liderazgo, el sentido de la justicia, la resolución de conflictos y las relaciones, especialmente con las figuras de autoridad y los padres.

Según la antigua mitología griega, Juno lleva el nombre de la hermana y esposa de Zeus (Júpiter), reina del Olimpo y diosa del matrimonio. La energía de Juno es de compromiso y lealtad, pero también de venganza. En la mitología, la furia silenciosa de Juno y su afán de venganza procedían de las constantes infidelidades de Zeus. Por eso, como mínimo, la influencia astrológica de Juno tiene que ver con las relaciones, sobre todo con el matrimonio, y con cómo se enfrentan las duras realidades de la vida. La guía de Juno ayuda a sacar conclusiones sobre las relaciones matrimoniales y familiares, para bien o para mal.

Vesta, planeta enano, es el asteroide de la espiritualidad. En la antigua Roma, se asociaba con el equinoccio de primavera, el comienzo del año y las hogueras rituales que encendían los romanos para celebrar esta época. En cierto modo, Vesta también se consideraba la guardiana de estos fuegos sagrados. También era una diosa virgen, por lo que está estrechamente relacionada con la pureza y la incorruptibilidad. La energía de Vesta es también la de la autodeterminación y la propiedad de sí mismo, por lo que refuerza la influencia de la casa astrológica que ocupa o de un planeta o signo con el que interactúa.

Eros también es conocido como Cupido, el hijo de Venus en la mitología. Como distinguido seductor y dios del deseo, era conocido por su unión con la princesa Psique en un acuerdo peculiar en el que solo interactuaba con ella en completa oscuridad, sin revelarse nunca. Por ello, el asteroide Eros tiene mucho que ver con la sexualidad. Por extensión, también tiene fuertes asociaciones con la pasión y el deseo. Eros revela los deseos interiores, normalmente en relación con la sexualidad, pero no exclusivamente. A veces, también influye en deseos especialmente fuertes en otros ámbitos de la vida, relacionados con el trabajo, las relaciones y muchas otras cosas.

Psique, en la mitología griega, era una princesa mortal de inmensa belleza, como se describe en la historia de Psique y Cupido (Eros). La belleza de Psique era tan sobrecogedora que incluso hizo hervir de celos a la diosa Afrodita, por lo que envió a su hijo Cupido a envenenarla. Sin embargo, ante su belleza, Eros se enamoró y así comenzó su relación. Si

Eros representa los deseos y preferencias en materia de sexualidad, Psique hace lo propio en lo que respecta a la satisfacción emocional y los vínculos afectivos. Psique influye en la elección de con quién está dispuesto a comprometerse y tiene influencia en las relaciones románticas.

Safo lleva el nombre de una antigua poetisa griega que vivió y escribió en la isla griega de Lesbos. Gran parte de su poesía tenía que ver con el erotismo, sobre todo en las relaciones entre personas del mismo sexo. La energía de este asteroide es de armonía, cercanía y cuidado entre los amantes. También se asocia con la solidaridad y la pertenencia y a menudo guía para encontrar un lugar de afirmación, comprensión y pertenencia. La energía de Safo afecta a las relaciones profesionales e íntimas, por lo que su posición en la carta astral arroja luz sobre muchas cosas importantes de la vida.

Eris es un planeta enano y, además de un asteroide en astrología, es una especie de homólogo de Eros. Llamado así por la diosa griega de la discordia, Eris, que era igual a la romana Discordia, irradia una poderosa energía femenina que conlleva agresividad e ira, aunque con razón. Es una de las fuerzas astrológicas que dan el combustible para rebelarse. Eris arroja luz sobre dónde y por qué siente la necesidad de levantarse para protestar y rebelarse, lo que puede ser muy pronunciado en algunos de los signos más rebeldes del zodíaco, como el agresivo y testarudo Aries.

Folo lleva el nombre de un centauro, como Quirón. En la mitología griega, ambos eran criaturas inusualmente gentiles en comparación con otros de su especie. En los mitos, Folo solía pasar sus días cuidando viñedos y vivía en una cueva, hasta que fue envenenado por un ataque con una flecha, lo que finalmente le causó la muerte. Por eso, gran parte de la energía de Folo es sacrificial, denotando la voluntad de ayudar a los demás incluso con un costo personal alto. Folo también se asocia con el vino, los venenos y la intoxicación, seguidos de una pérdida de control. Este asteroide revela maneras de ayudar a los demás a curar sus heridas, aunque sea involuntariamente. Debido a su órbita particularmente larga, de unos 92 años, la influencia de Folo es sobre todo transgeneracional.

Sedna es un asteroide con una órbita increíblemente amplia alrededor del Sol. Tanto, que los astrónomos apenas se han percatado de su existencia. Su órbita se extiende mucho más allá de nuestro sistema solar y su periodo orbital dura miles de años. Uno de los poderes de Sedna es mostrar las cosas buenas de la vida, en las que podemos centrarnos para sentirnos mejor con nuestros defectos y fracasos. Este asteroide está fuertemente asociado con las bendiciones y motiva a aprovechar al máximo cada regalo en lugar de excusarnos y caer en la desesperación.

En la mitología, Chariklo está estrechamente relacionado con el centauro Quirón. Era una ninfa que se casó con él y era hija de Apolo. También fue la mentora de algunos de los héroes más legendarios de la mitología griega, como el poderoso Aquiles. Chariklo también era vista como una esposa fiel y devota, por lo que algunas de las asociaciones más fuertes de este asteroide incluyen el cuidado y el apoyo. Se asocia generalmente con el espacio personal, la curación y el despertar.

Haumea es un planeta enano identificado en 2004 que recibe su nombre de la diosa hawaiana del parto y la fertilidad. En la mitología hawaiana, se decía que había dado a luz a muchos niños, fabricándolos con partes de su cuerpo. También se dice que adoptó muchas formas físicas y renació muchas veces. Haumea infunde amor por el mundo natural, lo que ayuda a sentirse en conexión con la naturaleza. Este asteroide también muestra cómo superar la adversidad y los obstáculos que la vida pone en el camino.

Makemake es otro planeta enano descubierto en 2005, justo un año después que Haumea. El origen del nombre de este asteroide es bastante exótico, ya que proviene del dios creador adorado por los habitantes de la Isla de Pascua. Algunos de los temas de este asteroide son similares a los de Haumea, incluido el amor por la naturaleza. Esta energía ayuda a ver la belleza en todas las cosas y recuerda que la naturaleza es algo que se debe cuidar. En su carta, Makemake es una influencia que le ayuda a manifestar sus deseos en el mundo real.

Hygeia es el asteroide del bienestar, como se le suele llamar. En los mitos griegos y romanos, era la hija de Asclepio, el dios de la medicina. Al igual que el símbolo de su padre, una serpiente sobre un bastón que perdura y que a menudo se utiliza en medicina hoy en día, el nombre de Hygeia también perdura a través de la palabra «higiene», que deriva de ella. Hygeia era también una de las cinco hermanas que simbolizaban distintos aspectos de la salud humana y su especialidad era la prevención. Este asteroide muestra cómo cuidarse correctamente para mantener la buena salud mental y física.

Capítulo 4: Los doce signos del zodiaco

Círculo del zodiaco
https://pixabay.com/images/id-5921179/

Conocer los signos del zodiaco y sus propiedades es otro paso importante para dominar la astrología. Además de proporcionarle una mejor comprensión de otras personas y de cómo relacionarse con ellas, entender los doce signos es importante para sus lecturas personales. Esto se debe a que cada individuo tiene tres signos: el signo solar, el lunar y el ascendente.

La gente suele fijarse en el signo solar para lecturas astrológicas simples y no muy profundas, pero conocer los tres signos es muy importante para una visión más profunda. Recuerde que su signo lunar es el signo zodiacal en el que se encontraba la luna en el momento de su nacimiento, que normalmente es diferente del signo solar. Por otro lado, el signo ascendente es el signo que estaba en el horizonte en ese mismo momento. Conocer los tres signos es necesario para cosas como la lectura de la carta astral, pero se hablará de ello más adelante. Por ahora, se repasarán brevemente los doce signos del zodíaco y lo que los hace especiales.

Aries

- **Fecha:** Marzo 21 – abril 19.
- **Palabras clave:** Coraje, confianza, voluntad, iniciación, primero, vitalidad, conquista, cazador.
- **Mantra:** «Yo soy».
- **Planeta regente:** Marte.
- **Color:** Rojo.
- **Metal:** Hierro.
- **Piedra natal:** Diamante.
- **Parte del cuerpo:** Cabeza.

Aries es simbolizado por el carnero, cuyo glifo ilustra sus cuernos. El simbolismo del carnero y sus cuernos no es casual, ya que refleja la naturaleza testaruda y conflictiva de Aries. Para quienes conocen a un Aries, no será de extrañar que el elemento del signo sea el fuego. Este elemento poderoso e intenso alimenta gran parte de la fuerza, la energía y la confianza que caracterizan a los carneros. La modalidad del signo es cardinal y es el primero de los cuatro signos cardinales. La posición de Aries como primer signo cardinal y su rango de fechas, que comienza con el inicio de la primavera, son factores importantes que definen al carnero como líder e iniciador.

La polaridad positiva del carnero es otro aspecto que ayuda a comprender mejor este signo, ya que está claramente en consonancia con la forma en la que Aries interactúa con el mundo. Al igual que otros signos positivos, Aries enfoca su energía hacia el exterior y tiende a ser un signo al que le gusta expresarse, a diferencia de los signos con polaridad negativa, que son receptivos y están más orientados hacia el interior a la hora de enfocar su energía. Recuerde que las energías de este signo, como las de cualquier otro, desempeñan un papel en su vida, aunque solo se trate de su signo lunar o ascendente. A veces, Aries es impulsivo, pero también es un líder e iniciador innatos que puede hacer cosas maravillosas por los demás y por sí mismo.

Tauro

- **Fecha:** Abril 20 – mayo 20.
- **Palabras clave:** Estabilidad, seguridad, posesiones, dinero, lealtad, terquedad, indulgencia, placer.
- **Mantra:** «Yo tengo».
- **Planeta regente:** Venus (clásico) y Ceres (moderno).
- **Color:** Verde, rosado.
- **Metal:** Cobre.
- **Piedra natal:** Esmeralda.
- **Parte del cuerpo:** Garganta.

El toro y su constelación homónima simbolizan Tauro. Este signo está representado por un glifo que consiste en un simple círculo con dos cuernos en la parte superior, que simbolizan al toro y sus rasgos característicos, como la terquedad. En cuanto a los elementos, Tauro es un signo de tierra el más pesado de los elementos en astrología, y es un poderoso símbolo de la estabilidad, paciencia, solidez y la fuerza del toro.

El toro es un signo con una modalidad fija, y es el primero de estos signos en el zodíaco. Gran parte de la estabilidad y perseverancia de que gozan los signos fijos se debe a que ocupan posiciones intermedias en relación con sus respectivas estaciones, como el posicionamiento del Toro en plena primavera. Los Tauro son conocidos por su capacidad para perseguir implacablemente sus objetivos y sus principios, independientemente de la presión exterior, y su modalidad fija desempeña un papel importante en ese rasgo. Tauro también es un signo negativo en lo que respecta a su polaridad, que es una de las razones por las que muchos taurinos son bastante introvertidos y tranquilamente fuertes. Los tauro también son conocidos por su amor al placer y a las cosas buenas de la vida, que puede llegar al hedonismo si no se controla. Los tauro también se benefician de las energías artísticas y afectivas de Venus, su planeta regente.

Géminis

- **Fecha:** Mayo 21 - junio 20.
- **Palabras clave:** Inquisitivo, curiosidad, inteligencia, ingenio, picardía, aprendizaje, comunicación.
- **Mantra:** «Yo pienso».
- **Planeta regente:** Mercurio.
- **Color:** Amarillo, verde claro.
- **Metal:** Bronce.
- **Piedra natal:** Esmeralda, ojo de tigre.
- **Parte del cuerpo:** Pulmones, brazos, manos.

Géminis, simbolizado por los Gemelos, es representado por un glifo formado por dos partes iguales unidas en perfecta simetría, que se asemeja al número dos romano. La historia de los gemelos tiene sus raíces en la mitología griega, en la historia de Pólux y Cástor, dos hermanos nacidos de Leda. Las dualidades son un tema común en la vida de muchos Géminis, y tanto el símbolo de los gemelos como el glifo del signo lo ilustran bastante bien.

Géminis es un signo del elemento aire, el más ligero, que es uno de los factores responsables de la naturaleza dinámica y extrovertida de Géminis. Son personas que viven en movimiento, siempre aprendiendo y experimentando cosas nuevas y conociendo gente nueva. Los géminis también son muy curiosos y, en ocasiones, muy traviesos. En cuanto a la modalidad, géminis es el primero de los signos mutables, lo que refuerza el temperamento altamente dinámico del signo y lo hace muy adaptable. Como es lógico, este signo extrovertido y orientado hacia el exterior tiene una polaridad positiva y se muestra todo el tiempo. El signo lunar de Géminis puede hacer que algunos de sus rasgos sean particularmente intensos, haciendo que los individuos sean demasiado extrovertidos y abiertos. Lo mismo ocurre con los ascendentes Géminis, que son propensos a la inquietud.

Cáncer

- **Fecha:** Junio 21 – julio 22.
- **Palabras clave:** Intuitivo, cariñoso, atento, sensible, protector, desinteresado.
- **Mantra:** «Yo siento».
- **Planeta regente:** La luna.
- **Color:** Blanco, violeta.
- **Metal:** Hierro.
- **Piedra natal:** Perla, rubí.
- **Parte del cuerpo:** Pecho, cerebro, estómago.

Cáncer, también conocido como el cangrejo, es un signo representado por un glifo que no corresponde exactamente con la apariencia del animal simbólico. Es un glifo simétrico que se asemeja a dos comas o nueves de forma circular. Se ha especulado sobre el significado de este símbolo. Algunos astrólogos sugieren que podría tratarse de una representación de los pechos para significar la naturaleza maternal y nutritiva de Cáncer.

El elemento de Cáncer es el agua, que infunde a este signo la fluidez suficiente para ser adaptable, al tiempo que le proporciona más peso que el aire, lo que hace que los cáncer tengan los pies en la tierra y sean más reservados que los géminis. Es el segundo de los signos cardinales, anuncia el comienzo del verano y atrae la fuerza de liderazgo e iniciativa de esta energía. La intensidad de la energía solar durante esta época también es una fuente importante de esa fuerza. Sin embargo, la polaridad de Cáncer es negativa, ya que, a pesar de la capacidad de autoridad y liderazgo de este signo, el cangrejo conserva un importante grado de introspección y tranquilidad. La naturaleza protectora, afectuosa y sacrificada del cangrejo es especialmente pronunciada en los cáncer lunares, ya que la luna es el planeta regente del signo. Estos cáncer son propensos a cuidar de los demás y a comprometerse con ellos hasta el punto de descuidarse y ser perjudiciales para sí mismos.

Leo

- **Fecha:** Julio 23 - agosto 22.
- **Palabras clave:** Orgulloso, artístico, expresivo, creativo, líder, rendimiento, randiante.
- **Mantra:** «Yo seré».
- **Planeta regente:** Sol.
- **Color:** Amarillo, naranja, dorado.
- **Metal:** Bronce.
- **Piedra natal:** Cornalina.
- **Parte del cuerpo:** Corazón.

Leo es simbolizado por el león, que resume a la perfección su naturaleza orgullosa, regia e imponente. El glifo del signo es un pequeño círculo y una línea curva adjunta, que puede parecerse a la cabeza de un león y su melena, o a una cola, según se mire. En cualquier caso, el animal símbolo del signo dice mucho sobre la naturaleza de Leo.

Si tiene un leo en su vida, ninguno de los factores astrológicos que influyen en este signo le resultará sorprendente. Por un lado, el signo está impregnado de la energía del elemento fuego, lo que proporciona a los leo el suministro inagotable de fuerza y ánimo que necesitan para mostrarse e impresionar a los demás con su brillo característico. En cuanto a la modalidad, Leo es el segundo de los signos fijos, lo que constituye otra fuente de fuerza, estabilidad y autoridad. Los leo se encuentran en pleno verano, cuando el sol está en su punto álgido de luz, calor y energía. Por supuesto, Leo es un signo positivo y vive para interactuar, atraer, impresionar y brillar dentro de cualquier grupo. La luna en Leo a menudo limita el orgullo, el ego y el carácter extrovertido del signo y puede ser el justo equilibrio que algunos de los leo más intensos necesitan.

Virgo

- **Fecha:** Agosto 23 - septiembre 22.
- **Palabras clave:** Orden, sistemático, analítico, práctico, discernimiento, crítica, precisión.
- **Mantra:** «Yo analizo».
- **Planeta regente:** Mercurio (clásico) y Quirón (moderno).

- **Color:** Beige, plateado.
- **Metal:** Bronce.
- **Piedra natal:** Peridoto.
- **Parte del cuerpo:** Tracto digestivo.

Virgo, también conocido como la doncella, tiene uno de los glifos más intrincados del zodiaco, que comunica varios significados al espectador. Por un lado, se asemeja claramente a una letra «M» en cursiva, pero el intrincado diseño del glifo, con numerosas líneas, también apunta al hecho de que este signo está relacionado con el intestino y el sistema digestivo. Los extremos de las líneas del glifo, que se curvan hacia dentro, también simbolizan la naturaleza introspectiva y analítica del signo.

La modalidad de Virgo es mutable, lo que lo convierte en el segundo signo de este tipo y le confiere un aura de adaptabilidad y una capacidad para manejar muy bien los cambios. El debilitamiento gradual del sol en la etapa final del verano, que ocupa Virgo, también es una influencia significativa que hace a los Virgo más comedidos y reservados. Virgo es un signo muy equilibrado, porque su modalidad mutable se ve contrarrestada por su elemento tierra, lo que hace que los virgo tengan los pies en la tierra y sean sólidos. Este signo también es de polaridad negativa, otro factor responsable de la naturaleza exigente, analítica y crítica de Virgo. Los virgo son famosos por su capacidad de organización y tienden a ser muy ordenados. Se trata de virtudes excelentes, siempre y cuando no se obsesionen con los pequeños detalles y no pierdan de vista conceptos más amplios.

Libra

- **Fecha:** Septiembre 23 - octubre 22.
- **Palabras clave:** Belleza, armonía, paz, arte, diplomacia, compromiso, balance.
- **Mantra:** «Yo relato».
- **Planeta regente:** Venus.
- **Color:** Verde, azul.
- **Metal:** Cobre.
- **Piedra natal:** Zafiro.
- **Parte del cuerpo:** Riñones, espalda baja.

Dado que la balanza simboliza a Libra, su glifo es muy sencillo. Es perfectamente simétrico y se asemeja a la balanza de la justicia, lo que convierte a Libra en uno de los pocos signos cuyos símbolos no implican animales. No obstante, el símbolo celeste y el glifo ilustran a la perfección la pasión de Libra por la armonía, el equilibrio y la justicia.

Los libra suelen ser personas extrovertidas, muy dinámicas y enérgicas, en parte gracias a su elemento aire. Sin embargo, este signo es el tercero entre los signos cardinales del zodíaco. Se sitúa al principio del otoño, cuando la energía del sol empieza a disminuir de forma más notable. Esto confiere a Libra un grado de calma y control que le impide volverse demasiado intenso. El equinoccio de otoño es uno de los factores que contribuyen a la capacidad y el ansia de equilibrio de Libra. El equilibrio entra en todos los aspectos de la visión del mundo y el estilo de vida de Libra, influyendo en todo, desde la pasión por la justicia hasta la capacidad de ser diplomático y llegar a acuerdos. Por ello, Libra es un signo positivo que, en última instancia, está orientado hacia el mundo exterior, a pesar de ser más comedido que la mayoría de los géminis, por ejemplo. La mayoría de los libra son muy sociables y suelen ser los más elegantes y bien hablados en la mayoría de los grupos en los que se encuentran.

Escorpio

- **Fecha:** Octubre 23 - noviembre 21.
- **Palabras clave:** Concentración, conducción, ambición, determinación, persistencia, intensidad, emoción.
- **Mantra:** «Yo transformo».
- **Planeta regente:** Marte (clásico) y Plutón (moderno).
- **Color:** Rojo, negro.
- **Metal:** Hierro.
- **Piedra natal:** Ópalo, topacio.
- **Parte del cuerpo:** Intestino, genitales.

Como es bien sabido y bastante claro a primera vista, el escorpión simboliza a Escorpio. Además, el glifo del signo parece muy sencillo a primera vista, ya que lo primero en lo que se fija la mayoría de la gente es en la cola de escorpión del lado derecho. Sin embargo, si se examina más detenidamente, se puede ver que este glifo es más de lo que parece a simple vista. La cola es una línea curva con una flecha al final, que sobresale del extremo derecho de una forma de «M». En general, la amenazadora cola de escorpión que contiene el glifo es un símbolo de la intensidad y la agresividad inherentes a este signo.

La estabilidad y determinación de Escorpio se deben en parte a que es el tercer signo fijo del zodiaco. La posición del signo en pleno otoño también tiene mucho que ver con su naturaleza reflexiva, reservada, tranquila e introspectiva. Los escorpio son la personificación de la fuerza en el silencio. Al mismo tiempo, el elemento agua es una influencia dinámica en la vida del escorpión, responsable de la creatividad, la imaginación y el impulso. Al ser uno de los signos más reservados e introvertidos del zodiaco, no es de extrañar que Escorpio posea una polaridad negativa. A pesar de la tendencia a ser reservado y consumido por su mundo interior, este signo es emocionalmente sofisticado y más que capaz de sentir, a pesar de lo poco expresivo que pueda parecer Escorpio.

Sagitario

- **Fecha:** Noviembre 22 - diciembre 21.
- **Palabras clave:** Aprendizaje, novedad, viaje, filosofía, pregunta, enseñanza, búsqueda.
- **Mantra:** «Yo veo».
- **Planeta regente:** Júpiter.
- **Color:** Azul, azul claro.
- **Metal:** Plomo.
- **Piedra natal:** Topacio.
- **Parte del cuerpo:** Muslos, hígado, caderas.

Sagitario es conocido y simbolizado por el arquero. Este signo tiene uno de los glifos más sencillos, que consiste en una flecha con una línea corta que la divide por la mitad, simbolizando el arco y la flecha del arquero. La flecha está inclinada hacia la derecha a 45 grados, apuntando hacia el noreste. Esta dirección puede interpretarse como que la flecha apunta hacia la distancia, simbolizando la sed de aventura, descubrimiento y aprendizaje inherentes al arquero.

Sagitario es un signo de fuego, en perfecta consonancia con el impulso y la inagotable energía del arquero para alimentar su aventura. Estas personas dinámicas pueden dejarse llevar en su búsqueda de la novedad y la verdad, desviándose hacia el territorio de lo temerario. Sin embargo, su modalidad mutable ayuda a los sagitario a improvisar, adaptarse y superar los obstáculos, y normalmente acaban bien, a pesar de las adversidades. El arquero ocupa una posición al final del otoño, con un rango de fechas que termina justo cuando el invierno se afianza. Esta es la energía que ayuda a los arqueros a transformarse y adaptarse a los cambios. Este signo tan extrovertido y orientado al mundo tiene una polaridad positiva y suele dejar huella en los demás. Los sagitarianos son expresivos y francos hasta la saciedad, no tienen miedo de decir las cosas como las ven, aunque eso signifique decir verdades incómodas.

Capricornio

- **Fecha:** Diciembre 22 – enero 19.
- **Palabras clave:** Diligencia, practicidad, solitario, objetivos, estructura, conservador, ambición, trabajo, eficiencia.
- **Mantra:** «Yo uso».
- **Planeta regente:** Saturno.
- **Color:** Marrón, negro, azul oscuro.
- **Metal:** Plomo.
- **Piedra natal:** Lapislázuli.
- **Parte del cuerpo:** Rodillas.

Capricornio, también conocido como la cabra marina del zodíaco, tiene con diferencia el glifo más intrincado y complejo, que consiste en dos símbolos, colocados uno al lado del otro. El de la izquierda suele interpretarse como la cabeza de una cabra, mientras que el de la derecha se asemeja a una cola marina que podría encontrarse en un pez o en una criatura mítica como la sirena. La complejidad del glifo permite varias interpretaciones.

Los capricornio extraen fuerza y solidez de la influencia de su elemento tierra. Las cabras de mar son fuertes, estables, trabajadores, orientadas a objetivos y, a menudo, autoritarias. No es raro que ocupen puestos de poder o de responsabilidad sobre otras personas, en los que suelen sentirse como en casa. Capricornio es el último de los signos cardinales y se sitúa al comienzo del invierno, lo que influye aún más en el potencial de liderazgo del signo. Capricornio tiende a ser el tipo de persona que impone respeto en todos los ambientes y en multitudes por su forma de relacionarse con los demás y de comportarse. Aunque Capricornio tiene una polaridad negativa y es propenso a la soledad y la introspección, a menudo no es tan sensible. A muchos capricornio les cuesta expresarse y abrirse a los demás de forma significativa. Esto funciona bien para la mayoría de ellos, ya que son más que capaces de resolver sus propios problemas, pero pueden perderse ayuda valiosa que, de otro modo, podría hacerles la vida mucho más fácil.

Acuario

- **Fecha:** Enero 20 - febrero 18.
- **Palabras clave:** Inteligencia, social, desapego, individualidad, rebelde, lógico.
- **Mantra:** «Yo sé».
- **Planeta regente:** Saturno (clásico) y Urano (moderno).
- **Color:** Celeste.
- **Metal:** Cobre.
- **Piedra natal:** Amatista.
- **Parte del cuerpo:** Canillas.

Acuario es simbolizado y reconocido como el portador de agua y su glifo expresa eso a la perfección. Las dos líneas paralelas y onduladas de este glifo siguen de cerca el tema del símbolo celeste del signo, aunque Acuario sea inesperadamente un signo de aire. Aun así, el simbolismo del agua y su forma de fluir sugieren algo sobre la capacidad de este signo para comunicarse libremente y relacionarse con la gente.

El elemento aire de este signo permite a los acuario pensar con libertad y originalidad, lo que les ayuda a tener las ideas innovadoras por las que son conocidos. Los acuario también son expertos en improvisación y les resulta fácil mantenerse concentrados en las cosas, por muchas vueltas que den. Este es el último signo fijo en cuanto a modalidad y está situado en pleno invierno, proporcionando el contrapeso perfecto al elemento aire y a su influencia. Los acuario suelen ser extrovertidos y su polaridad es positiva, lo que los convierte en uno de los signos más equilibrados a la hora de mantener su mundo interior de ideas y la comunicación con el mundo exterior en una escala uniforme. Todos estos factores explican por qué los acuario se encuentran a menudo en el campo de la ciencia o en carreras académicas.

Piscis

- **Fecha:** Febrero 19 - marzo 20.
- **Palabras clave:** Compasión, intuición, creatividad, espiritualidad, soñador, adaptación, imaginación.
- **Mantra:** «Yo creo».
- **Planeta regente:** Júpiter (clásico) y Neptuno (moderno).
- **Color:** Morado, violeta, verde marino.
- **Metal:** Plomo.
- **Piedra natal:** Piedra de luna.
- **Parte del cuerpo:** Hígado, pies.

El pez simboliza Piscis y el glifo de este signo muestra una conexión con ese animal. Es otro glifo simétrico, que consiste en dos líneas que se curvan alejándose la una de la otra y casi tocándose las puntas en medio, donde una línea horizontal las atraviesa a ambas. Las ilustraciones del pez suelen representar el mismo simbolismo, haciendo que los peces naden en direcciones opuestas. Una forma de interpretar esto es como un símbolo de la búsqueda constante de ideales por parte de los piscis y la necesidad de equilibrarlos con las realidades del mundo exterior. Este conflicto interior es la lucha de la vida de este signo, pero también es la fuente de todo lo que nos gusta de Piscis.

Piscis es el último signo mutable y, como tal, tiende a ser adaptable y capaz de improvisar en condiciones que cambian rápidamente. La naturaleza dinámica de Piscis se consolida aún más por su elemento agua y por el hecho de que cae al final del invierno. No anuncia el comienzo de una estación, pero sin duda se relaciona con una época de transformación natural. Al mismo tiempo, Piscis es un signo negativo que centra gran parte de su energía y emociones en su mundo interior. El pez es intuitivo, espiritual y propenso a soñar a lo grande. A pesar de este enfoque interior, Piscis es uno de los signos más compasivos, siempre comprensivo con los demás y sus dificultades.

Capítulo 5: Recorrido por las doce casas

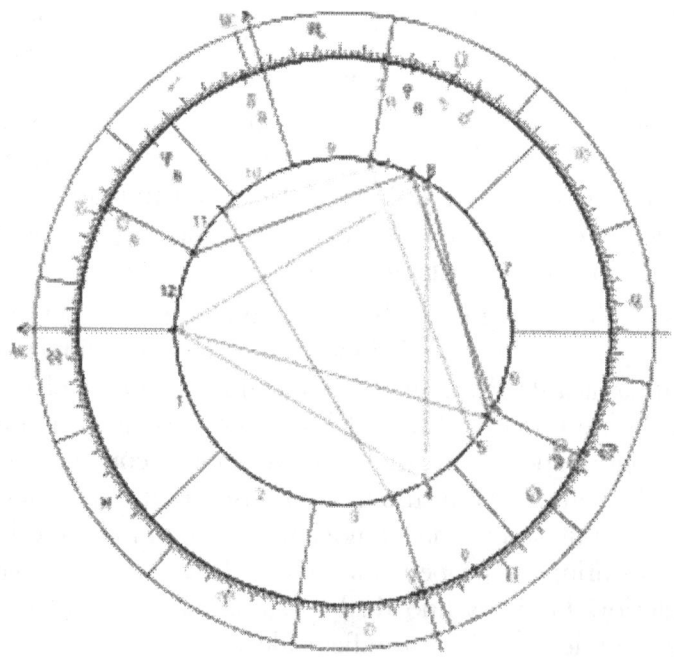

Rueda de las casas
Mom, CC BY-SA 3.0 <https://creativecommons.org/licenses/by-sa/3.0>, vía Wikimedia Commons
https://commons.wikimedia.org/wiki/File:Natal_Chart_-_Adam.svg

Las *casas* astrológicas constituyen otro aspecto importante de la lectura astrológica que resulta muy útil para crear e interpretar correctamente las cartas natales. Junto con los signos zodiacales, los planetas y los aspectos planetarios, estas casas son la base de toda carta astral. A lo largo de la historia, diferentes culturas y disciplinas astrológicas han ideado sistemas distintos, pero el más utilizado en la astrología occidental actual es el sistema *Placidus*.

Hay doce casas astrológicas, que corresponden a una división en doce partes del plano eclíptico de la órbita de nuestro sol. Se trata de una división del zodíaco de este a oeste en el horizonte, basada en el lugar de observación. Por eso el signo ascendente cae en el lado izquierdo del zodiaco, el horizonte este. En términos sencillos, estas doce casas son doce partes o áreas iguales que se ven en la mayoría de las ruedas del horóscopo y cada una está ocupada por uno de los doce signos del zodiaco. Esta división del horóscopo en doce partes se determina por la rotación de la Tierra y el lugar y la hora precisos del nacimiento de una persona, no solo de la fecha.

Cada una de las casas influye en un área determinada de la vida y la posición de los planetas y los signos del zodiaco con respecto a estas casas en el momento exacto del nacimiento determina aspectos de la personalidad y experiencias de la vida a través de una combinación de influencias astrológicas única para cada persona. Este capítulo da una visión general de las doce casas, lo que representan y cómo influyen.

La casa del yo

- **Palabras clave:** Yo, identidad, apariencia, ego, personalidad, actitud, bienestar, inicio.
- **Signo regente:** Aries.
- **Planeta:** Marte.

La primera casa es la casa de la identidad, el ego, los comienzos y todas las cosas que son primero. En las cartas natales, es la casa en la que el signo ascendente aparece en el horizonte al nacer. Quizá la característica más definitiva de la primera casa astrológica es que está totalmente dedicada a describir a la persona y su personalidad. Esta casa también está asociada al cuerpo, incluido el aspecto físico y la sensación de estar en la propia piel. Esto la diferencia de otras casas, que suelen referirse a cosas, lugares y personas que se encuentran y experimentan a lo largo de la vida, todos ellos factores externos. En pocas palabras, la primera casa es la fuente de la identidad, a través de la cual se afectan todos los aspectos de la vida.

La forma en que la primera casa afecta la identidad se ve modificada por el planeta que se encuentra en esta casa en el momento del nacimiento. Así es como las influencias planetarias y sus energías únicas interactúan con las doce casas, creando una combinación de influencias astrológicas únicas para cada persona. Puesto que la primera casa tiene que ver con la identidad, depende de usted o de un astrólogo interpretar cómo encaja cada uno de los planetas en la ecuación, como aprenderá más adelante. Por ahora, considere el ejemplo de Mercurio, que es un planeta conocido por su energía expresiva y su asociación con la comunicación. Si su carta natal muestra que Mercurio estaba en su primera casa al nacer, puede que le guste hablar y sea muy comunicativo.

La casa de las posesiones

- **Palabras clave:** Valor, posesiones, ingresos, autoestima, dinero, seguridad, trabajo, rutina.
- **Signo regente:** Tauro.
- **Planeta:** Venus.

La segunda casa es la de las posesiones, el valor o los ingresos, entre otros nombres. Estos nombres sugieren a qué área de la vida está asociada esta casa. Esta casa rige las posesiones materiales que se tienen y la estabilidad financiera. También afecta la estabilidad de otras áreas de la vida, especialmente las del entorno inmediato. La asociación de la segunda casa con el valor también está en un ámbito más abstracto, afectando el sistema de valores interno. Esto puede traducirse en cómo se priorizan las cosas en la vida o cuánto importan las posesiones materiales. Así es como se deciden las necesidades y deseos, incluyendo las diferencias entre el fracaso y el éxito o la felicidad y la miseria.

La segunda casa es responsable de moldear mentalidades enteras en relación con el dinero y los recursos, influyendo en cosas como la mentalidad de escasez, el gasto irresponsable o hábitos como la acumulación. La forma de valorar los bienes materiales, las relaciones y, en última instancia, a sí mismo, son aspectos que se ven afectados por la segunda casa. Es importante tener en cuenta que los planetas individuales pueden dirigir estas influencias en varias direcciones, ya sea en beneficio o en detrimento. Saturno, por ejemplo, es una fuerza de disciplina y orden, por lo que su presencia en la segunda casa tiende a producir responsabilidad financiera.

La casa del compartir

- **Palabras clave:** Ambiente, hermanos, comunicación, mente, sociedad, educación temprana.
- **Signo regente:** Géminis.
- **Planeta:** Mercurio.

La casa del compartir o de la comunicación es la tercera de las doce casas y es la casa de Géminis. Como su nombre lo indica, esta casa trata de la comunicación e interacción con los demás. También está asociada a comunicación consigo mismo, lo que significa que esta casa afecta el pensamiento y la resonancia y tiene que ver con el monólogo interior, los pensamientos y la introspección de cada persona. Dicho esto, la tercera casa ejerce una enorme influencia en la capacidad para encajar en equipos, comunidades, vecindarios, amigos y familia. Así, esta influencia dicta la naturaleza y la calidad de las relaciones. Otras áreas de la vida en las que puede influir esta casa son el rendimiento escolar en los primeros años, incluida la adquisición de habilidades y conocimientos básicos.

Los humanos somos animales sociales y la comunicación es una de las facetas más importantes de nuestra existencia. Los problemas en esta área pueden llevar a un fracaso en la comunicación, lo que tiene consecuencias incalculables en todos los ámbitos de la vida, desde el hogar al trabajo, pasando por la amistad. Teniendo esto en cuenta, debe tener cuidado con los planetas que transiten por su tercera casa al nacer, ya que pueden ser una fuente de gran fuerza o un problema en el que deba trabajar en la vida.

La casa del hogar y la familia

- **Palabras clave:** Hogar, familia, emociones, niñez, madres, feminidad, raíces.
- **Signo regente:** Cáncer.
- **Planeta:** Luna.

Mientras que la tercera casa se centra en la comunicación de forma más general, la cuarta se centra más exclusivamente en la vida familiar y en los asuntos relacionados con el hogar. Esta influencia no solo afecta a la familia actual, sino también a los parientes y antepasados. No es de extrañar que un signo tan afectuoso y hogareño como Cáncer encuentre su hogar en esta casa, ya que ambos se complementan a la perfección.

La cuarta casa es la responsable del sentido de pertenencia a un lugar y a las personas con las que se tiene conexión a través de las propias raíces. Esta energía alimenta la capacidad humana de reconocer y valorar la continuidad a través de las generaciones, un tipo de conciencia única en nuestra especie. El hogar también significa seguridad y sensación de cobijo; la cuarta casa es donde reside esta calidez. Por supuesto, esta casa también afecta la forma de percibir la vida familiar y la importancia que se le concede. Por ello, es importante tener en cuenta los planetas que estén en la cuarta casa en el momento del nacimiento. La energía amorosa y embellecedora de Venus, por ejemplo, tiende a reforzar los lazos familiares. Por el contrario, algunas de las energías planetarias más agresivas pueden hacer que los ánimos se caldeen en casa.

La casa del placer

- **Palabras clave:** Romance, amor, creatividad, fertilidad, expresión, júbilo, diversión, riesgo.
- **Signo regente:** Leo.
- **Planeta:** Sol.

La casa del placer es otra casa astrológica con un nombre bastante explícito en cuanto a su tema central. Todas las cosas que complacen en la vida tienen que ver con esta casa y sus influencias. Sin embargo, hay más de lo que parece, ya que la quinta casa también tiene que ver con la creación en el sentido más amplio. Esto significa que está asociada con cosas como la procreación y el nacimiento, el arte y otros esfuerzos creativos. Al igual que la segunda casa, la del valor, la quinta afecta a la percepción, ya que las ideas sobre el placer varían bastante de un individuo a otro.

En un sentido más amplio, la posición de los planetas en la quinta casa determina la importancia que se le da al placer. Por ejemplo, si un planeta como Venus atraviesa la quinta casa en el momento del nacimiento, es probable que esa persona no vea sentido en la vida sin todo tipo de placeres. Otras colocaciones, o la falta de ellas, podrían llevar la vida en la dirección opuesta. La quinta casa también está relacionada con la asunción de riesgos, sobre todo en lo que respecta al placer y la indulgencia, por lo que es importante tener cuidado con las influencias planetarias que se escapan de las manos. Si actúa en consecuencia, encuentra la forma de garantizar un equilibrio seguro entre riesgo y recompensa, especialmente con la presencia de influencias más restrictivas como Saturno.

La casa de la salud

- **Palabras clave:** Salud, forma, análisis, naturaleza, rutinas laborales, organización, utilidad.
- **Signo regente:** Virgo.
- **Planeta:** Mercurio.

La sexta casa se conoce comúnmente como la casa de la salud, y a veces como la casa del mantenimiento. Esta casa es la fuente de la vitalidad, la fuerza y el bienestar general, especialmente físico. Por otro lado, la sexta casa se asocia con la enfermedad y las lesiones o, más exactamente, con la forma de enfrentarse a estos obstáculos para alcanzar el bienestar. En general, gran parte de la energía de esta casa gira en torno a las luchas diarias en todas sus formas y niveles de intensidad, dependiendo de la vida de cada individuo. Debido a la asociación con la lucha diaria, Marte es una combinación interesante con esta casa por su energía agresiva y su antigua asociación con la guerra.

Los planetas que dan energía a cosas como la disciplina, la rutina y el autocuidado influyen positivamente si están en esta casa al nacer. Esta combinación de energías facilita la adopción de hábitos saludables y evita los malos. Esta casa también está fuertemente asociada con las rutinas y los deberes relacionados con el trabajo. La conexión de esta casa con el bienestar también va más allá de la salud física; su energía puede ser la fuerza impulsora de la superación personal y el crecimiento en el sentido más amplio.

La casa del equilibrio

- **Palabras clave:** Relaciones, matrimonio, compartir, contratos, amistad.
- **Signo regente:** Libra.
- **Planeta:** Venus.

La casa del equilibrio, también conocida como la casa de las sociedades, es donde Libra encuentra su hogar. La asociación con las sociedades tiene amplias implicaciones en todos los ámbitos de la vida, incluidas las relaciones, las amistades, el matrimonio o las relaciones comerciales. Esta casa influye mucho en la capacidad de cooperar con los demás, llegar a un entendimiento, hacer concesiones y trabajar con otros en busca de cualquier objetivo. Esta es la influencia que hace que una persona sea diplomática y amistosa.

La séptima casa tiene un don especial para las asociaciones que tienen el potencial de cambiar la vida. La importancia de las colocaciones planetarias en esta casa radica en cómo afectan la capacidad para relacionarse con otras personas y garantizar que estas sociedades encuentren el equilibrio adecuado entre el interés propio y el sacrificio. Con un poco de suerte, las posiciones beneficiosas en la séptima casa ayudan a ser un mejor cónyuge, amigo o a sobresalir en los negocios, sobre todo cuando hay que hacer tratos, entablar negociaciones y firmar contratos. La séptima casa también influye en la forma de tratar a los enemigos y oponentes en cualquier ámbito de la vida.

La casa de la transformación

- **Palabras clave:** Fusiones, intimidad, sexualidad, herencias, inversiones, activos, propiedad, esfuerzos conjuntos, muerte.
- **Signo regente:** Escorpio.
- **Planeta:** Plutón.

La octava casa recibe varios nombres, como la casa de la transformación, el sexo, la muerte y las deudas. No es casualidad que esta casa sea el hogar de Escorpio, el más misterioso, solitario y críptico de los signos del zodíaco. La casa en sí es algo misteriosa, con energías peculiares que fluyen a través y desde ella, influyendo en algunas áreas diferentes de la vida. La muerte y el renacimiento son temas importantes en esta casa, que pueden traducirse en profundos cambios y transformaciones personales a lo largo de la vida, y no solo en la muerte y el nacimiento.

Dependiendo de los planetas que atraviesen la octava casa en el momento del nacimiento, puede influir fuertemente en el misterio. Dependiendo de otros factores astrológicos, esto puede manifestarse en un profundo interés por lo sobrenatural y lo oculto. La octava casa también tiene que ver con la sexualidad, los compromisos de todo tipo y las finanzas, especialmente las inversiones. En lo que se refiere al dinero, se debe tener en cuenta que la octava casa está más relacionada con el dinero de los demás que con el propio. Por ejemplo, las empresas financieras conjuntas que requieren una puesta en común de recursos pueden verse afectadas. Debido a su asociación con la regeneración y la transformación, esta casa también determina la forma de afrontar y superar los traumas emocionales y psicológicos.

La casa del propósito

- **Palabras clave:** Viaje, filosofía, espiritualidad, religión, ideales, educación superior, aprendizaje, sabiduría, ética.
- **Signo regente:** Sagitario.
- **Planeta:** Júpiter.

La novena casa también se conoce con diferentes nombres, como la casa de los propósitos, los viajes y la filosofía. En el sentido más amplio, uno de los temas más importantes de esta casa es cómo se experimenta, comprende y descubre el mundo. Por eso, la filosofía, los viajes, el aprendizaje, la espiritualidad y la educación superior son aspectos importantes de esta casa. Esta casa ejerce influencias que ayudan a alcanzar un sentido de propósito más fuerte, especialmente a través de las realizaciones que se derivan de los esfuerzos mencionados anteriormente. Estas metas e ideales se reflejan en Sagitario, el signo que reside en esta casa.

Si hubiera que resumir la novena casa en una palabra, esa palabra sería «exploración». Más allá de los viajes y la exploración física del mundo, la novena casa impulsa la exploración de sí mismo, de la mente y todas las búsquedas intelectuales que conducen al crecimiento personal. Cuando planetas fuertes con energías compatibles, como Júpiter, atraviesan la novena casa en el momento del nacimiento, las influencias son bastante pronunciadas. Esta mezcla de energías puede llevar a los individuos a comprometer sus vidas con la filosofía, la enseñanza o la religión organizada. Estas posiciones se asocian a menudo con sacerdotes y otros líderes religiosos o espirituales.

La casa del emprendimiento

- **Palabras clave:** Reputación, carrera, ambición, objetivos, estructura, masculinidad, padres, experticia.

- **Signo regente:** Capricornio.
- **Planeta:** Saturno.

La décima casa es la casa de la carrera, la empresa y el estatus social. La vida profesional y la posición pública, es decir, la reputación y la imagen, son temas centrales de esta casa. Es el hogar de Capricornio, por lo que no es de extrañar que también afecte la autoridad, la ambición y el impulso. La casa del emprendimiento ejerce su influencia en los esfuerzos humanos individuales y colectivos que tienen que ver con la autoridad, especialmente en las áreas de gobierno y otras estructuras que mantienen unido al mundo. También se asocia con diversas figuras de autoridad que se encuentran en la vida como jefes, médicos o personas admiradas.

Más que afectar al éxito o al fracaso de una carrera en particular, las posiciones planetarias de la décima casa al nacer influyen en el campo y la dirección que toma esa carrera. Dado que la carrera y la vida profesional son facetas tan importantes de la existencia humana, muchos astrólogos consideran que la casa de la empresa es una de las más importantes del zodiaco. Su influencia puede determinar la historia de toda una vida, por lo que es importante prestar atención a las colocaciones de esta casa en la carta astral. La influencia de la décima casa también contribuye a cambios y transformaciones profesionales en cualquier momento de la vida.

La casa de las bendiciones

- **Palabras clave:** Amigos, grupos, humanismo, esperanza, objetivos, deseos.
- **Signo regente:** Acuario.
- **Planeta:** Urano.

La undécima casa es la casa de las bendiciones, también conocida como la casa de la amistad. Al igual que la séptima casa, afecta las relaciones personales y tiene que ver con los grupos y con la forma de interactuar o encajar en ellos. Por lo tanto, tiene mucho sentido que el sociable y grupal Acuario encuentre su hogar en este domicilio astrológico. Sin embargo, la energía de esta casa no solo tiene que ver con las redes personales y las amistades. En un sentido más amplio, también rige aspectos como los esfuerzos humanitarios y las relaciones con la sociedad en general. La undécima casa influye en el grado de pertenencia a un entorno más amplio, como una cultura o una nación. Esta influencia también actúa como una guía que ayuda a identificar el propio rol dentro de dicho colectivo.

La undécima casa también se asocia con el cumplimiento de metas y deseos, lo que a menudo se traduce en ganancias materiales y riqueza. También está marcada por otros temas relativamente amplios, como el amor y la felicidad, sobre todo cuando se trata de cómo se comparten estas alegrías con los demás.

La casa del sacrificio

- **Palabras clave**: Finales, aislamiento, clausura, curación, acción, vida después de la muerte, sutileza, escapismo.
- **Signo regente**: Piscis.
- **Planeta**: Neptuno.

La duodécima y última casa astrológica suele denominarse la casa del sacrificio, en consonancia con su signo residente, Piscis. El siempre comprometido y sacrificado Piscis se siente en su hogar en esta casa. Con ciertas posiciones planetarias, la energía de la duodécima casa puede convertir a los piscianos en algunas de las mejores personas que se podrían conocer jamás.

Por otra parte, la duodécima casa también se conoce como la casa del inconsciente. De la misma manera que el inconsciente reside justo bajo la superficie, la duodécima casa es el lugar situado justo en el horizonte en el momento del nacimiento. Al igual que la octava casa, esta casa está abierta a varias interpretaciones y se asocia con diversas influencias, algunas de ellas bastante abstractas. Los sueños, las emociones, la intuición y otras cosas invisibles que provienen de lo más profundo del ser están influenciadas por la duodécima casa. Las energías intuitivas y emocionales como las de la luna y Neptuno pueden hacer de esta casa y su energía una fuerza increíblemente potente en la vida. Puesto que los piscis son conocidos por su naturaleza intuitiva y reflexiva, estas posiciones pueden hacer que el pez invierta tanto en su mundo interior, que se olvide de sí mismo.

Capítulo 6: Principales aspectos planetarios

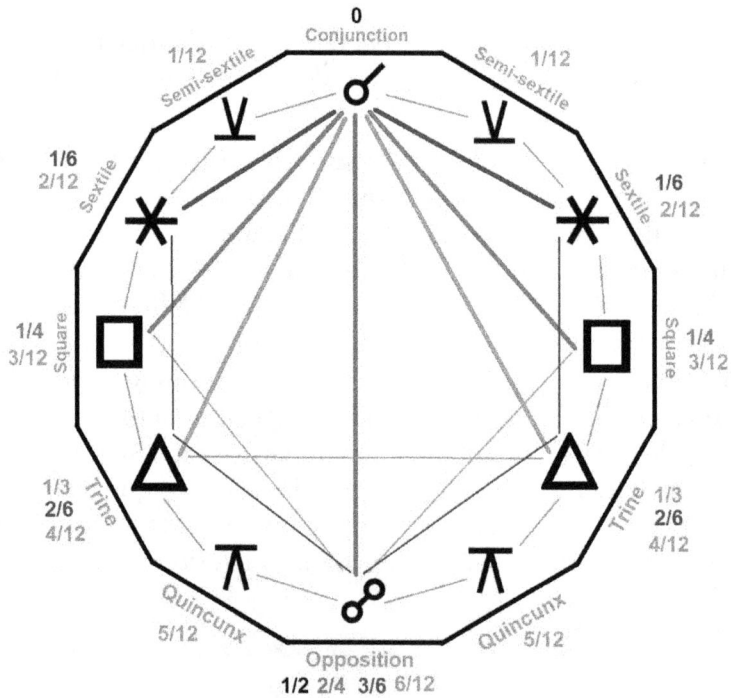

Principales aspectos planetarios
Tomruen, CC BY-SA 4.0 <https://creativecommons.org/licenses/by-sa/4.0>, via Wikimedia Commons https://commons.wikimedia.org/wiki/File:12_astrological_aspects.png

Los aspectos planetarios, también conocidos como aspectos astrológicos, representan las relaciones entre los diferentes planetas de su carta. En su carta astral, estos aspectos astrológicos están representados por líneas que se pueden ver conectando diferentes planetas de la carta. Estos aspectos se dividen generalmente en dos categorías: aspectos planetarios mayores y menores. Entre los aspectos planetarios mayores, tenemos la conjunción, el sextil, el cuadril, el trígono y la oposición, todos ellos definidos por el ángulo en el que dos planetas de una carta están conectados en el centro. Dado que el centro de la carta representa la Tierra, que es nuestro punto de vista, los aspectos planetarios se determinan trazando líneas rectas entre los planetas y el centro de la carta y observando después el ángulo que forman las líneas de los dos planetas.

En términos sencillos, los aspectos planetarios representan relaciones especiales o asociaciones, por así decirlo, entre los planetas de su carta. Esto significa que los planetas unirán sus energías y rasgos para ejercer una influencia astrológica específica en su vida. Esto puede tener varios efectos, que pueden ser equilibrantes, restrictivos o energizantes, según el aspecto, los planetas en cuestión y los signos que ocupan esos planetas, entre otras cosas. La interacción entre los planetas y los signos zodiacales es otra parte importante de los aspectos planetarios. En este capítulo, examinaremos detenidamente los principales aspectos planetarios, qué significa cada uno y cómo le afectan. Aunque cada aspecto tiene una interpretación general y sus asociaciones, el efecto de ese aspecto en usted dependerá en última instancia de qué planetas estén en juego, gracias a sus rasgos y energías individuales.

Conjunción

La conjunción astrológica de dos planetas se produce cuando esos dos planetas están muy cerca el uno del otro, normalmente en el mismo signo zodiacal, con un grado similar. También es posible que dos planetas estén cerca el uno del otro, pero situados en o cerca de una cúspide, que es esencialmente la línea que separa signos zodiacales consecutivos o casas astrológicas en la rueda zodiacal u horóscopo. En la práctica, esto significa que dos planetas están muy cerca el uno del otro en el cielo, tal y como se observa desde la Tierra, en el momento del nacimiento.

En términos estrictamente astrológicos, los astrólogos suelen considerar la conjunción como el aspecto más fuerte. Este aspecto es esencialmente un vínculo estrecho entre los dos planetas en cuestión. Ese vínculo se caracteriza por crear una combinación de las energías de estos dos planetas, que se alimentan y afectan mutuamente de diversas maneras. Los resultados de esta interacción dependerán de varios factores, incluyendo los rasgos de los planetas, el signo en el que están posicionados y sus casas. Cuando las energías de dos planetas se mezclan en conjunción, sus rasgos y asociaciones inherentes pueden verse amplificados, inhibidos o modificados de alguna otra forma. Algunos planetas son más compatibles que otros, por lo que es importante conocerlos bien a todos.

Por ejemplo, si la carta astral de una persona muestra que su Sol y Venus están en conjunción, esto puede ser una influencia muy poderosa y energizante. Sin embargo, el signo en el que se produce esta conjunción puede ser un factor decisivo. Para un signo fogoso y agresivo como Aries, Venus puede actuar como una influencia mitigadora y amorosa que frene la agresividad del Carnero con amabilidad y amor. Por otro lado, una conjunción entre el Sol y Marte puede exacerbar la naturaleza agresiva de Aries. En cualquier caso, éste es un buen ejemplo de cómo un mismo aspecto puede influir de forma muy diferente en dos personas distintas, gracias a las propiedades únicas de los planetas. Por último, un planeta suele dominar al otro en conjunción, dependiendo del signo y la casa donde se produzca. Las conjunciones también pueden darse con más de dos planetas, denominadas stellium.

Debido a estas variaciones, las conjunciones no tienen por qué ser necesariamente «favorables», aunque suelen serlo. Según la mayoría de los astrólogos, energías como las de Venus y Júpiter suelen ser deseables y beneficiosas en las conjunciones. En cambio, planetas como Marte o Saturno suelen ser perturbadores y tienden a no llevarse muy bien con la mayoría de los planetas en conjunción. Esto no significa que tales conjunciones sean una maldición que lo condenará a sufrir. Estas conjunciones son sólo un desafío potencial y, como tales, tienen un propósito en su vida, por ejemplo, hacerle más fuerte e incitarle a crecer como persona.

Sextil

Cuando los planetas están situados a 60 grados o a dos signos de distancia en la carta astral, se encuentran en lo que se denomina un aspecto sextil. Los astrólogos consideran que este aspecto es muy positivo, ya que los planetas en cuestión se apoyan mutuamente al tiempo que fomentan una relación de beneficio mutuo entre los signos zodiacales que ocupan. Los sextiles son, por tanto, asociaciones armoniosas que permiten a los signos complementarse, lo que puede manifestarse de varias formas favorables, dependiendo de las características únicas de su carta. Por lo general, todos los signos y planetas tienen lados y rasgos positivos, que un aspecto sextil permite que florezcan y salgan a la luz. Técnicamente hablando, el sextil es un aspecto armonioso y complementario porque los planetas que ocupan posiciones de la carta separadas 60 grados siempre caerán en signos zodiacales que son elementalmente complementarios, es decir, tierra y agua o fuego y aire.

Este aspecto no siempre es tan fuerte y activo como otros, pero es importante. A menudo, un sextil puede dar a uno de sus planetas el impulso que necesita para ejercer una influencia más positiva en su vida. Por ejemplo, si tiene a Marte en sextil con uno de los planetas de su carta astral, ese planeta puede beneficiarse de la naturaleza agresiva y valiente de Marte, ayudando a equilibrar las debilidades de otro planeta. Un sextil es un aspecto astrológico sin pérdidas ni inconvenientes. Nunca plantea retos ni debilita a los planetas; simplemente garantiza que obtendrá lo mejor de todo.

El aspecto sextil también se conoce como trígono dividido por la mitad, un aspecto similar pero más poderoso. Si hubiera que describir este aspecto con unas pocas palabras clave, serían algo similar a «entusiasmo», «apoyo», «sencillez» y «comodidad». Una de las mejores características de este armonioso aspecto es que permite un libre flujo de ideas e inspiración entre los signos. No es raro que los sextiles refuercen el lado creativo y artístico de las personas, ayudándolas a expresar lo que llevan dentro. Los sextiles también se asocian con los dones, talentos y habilidades que ya tenemos. Puesto que muchos dan estas cosas por sentadas en lugar de utilizarlas en toda su extensión, un sextil en su carta puede ayudarle a energizarse para afinar aún más sus talentos y trabajar en sí mismo. El flujo de información, la comunicación, la relajación y la camaradería son algunos de los temas relacionados con los sextiles.

Cuadril

Cuando los planetas están separados unos 90 grados, se encuentran en un aspecto cuadril. De entrada, una carta que contiene un aspecto cuadril nos indica que los planetas con este aspecto están en signos de elementos incompatibles, pero de la misma modalidad. Sus signos también ocuparán cuadrantes diferentes. Estos son algunos de los factores que convierten a los cuadriles en aspectos astrológicos potentes y que producen cierta tensión entre los planetas y los signos que ocupan. Como aspecto intenso, el cuadril se manifiesta fácil y visiblemente, ejerciendo una influencia sustancial.

Sin embargo, la tensión, como ya se ha mencionado, no es necesariamente algo malo. Esta tensión puede mostrarle dónde y cómo necesita mejorar, y la presión a menudo puede ser justo lo que necesita para pasar a la acción. A pesar de que los astrólogos lo consideran el aspecto astrológico más difícil, no debe rehuir de lo que puede decir su carta natal. La tensión y la dificultad de los cuadriles están en la colisión de las energías planetarias. Como de costumbre, la clave está en leer los planetas específicos y lo que aportan, para poder ver cómo se comunican exactamente en tanto aspecto de cuadril.

Así como un sextil permite a los planetas mostrar su lado más brillante y positivo, un cuadril hace lo contrario. Es cuando el lado más oscuro y sombrío de cada planeta sale a la luz y se enfrenta directamente con el mismo lado del otro planeta. Naturalmente, esto da lugar a un poderoso choque de energías, que se traduce en frustración y conflicto. Como los planetas luchan por superarse mutuamente, la influencia más dominante prevalecerá por lo general y determinará la mayoría de las características de este aspecto astrológico.

Al igual que los planetas con este aspecto muestran sus lados sombríos, los cuadriles nos ayudan a identificar lados similares de nosotros mismos. Esto puede significar defectos, pero también heridas que necesitamos curar, y un aspecto cuadril en su carta puede ser un indicador útil en esa dirección. Es importante recordar que cada desafío conlleva una recompensa, por lo que los aspectos cuadriles son algo que debería trabajar en lugar de ignorarlos. El compromiso es siempre una buena forma de tratar el conflicto y la tensión producidas.

Trígono

Un aspecto trígono es similar a un sextil, pero este aspecto tiende a ser más potente e intenso como influencia astrológica. También es un aspecto positivo, con una energía generalmente favorable, y se produce cuando los planetas están separados unos 120 grados, lo que equivale a cuatro signos zodiacales en la rueda. Los signos sobre los que caen los planetas en trígono tendrán siempre el mismo elemento, produciendo naturalmente concordancia y sinergia. Este aspecto se asocia a menudo con la buena suerte, la paz y las nuevas oportunidades. Esta energía nos revela nuevos caminos y nos da energía para avanzar y progresar en la vida en cualquier frente que sea importante.

Al igual que ocurre con los sextiles, el problema de los trígonos es que son muy cómodos, por lo que es fácil caer en la pereza y descuidar lo que un trígono puede significar. Los aspectos cuadriles lo mantienen alerta por su tensión y conflicto, llevándole a actuar por necesidad e incomodidad, mientras que sus planetas en trígono requerirán cierta iniciativa personal. Aun así, se trata de un pequeño inconveniente fácilmente manejable. En general, los trígonos son uno de los aspectos más deseables y, en muchos sentidos, son incluso mejores que los sextiles.

Como siempre, tenga en cuenta las diferentes energías que pueden aportar los planetas en este aspecto. Si Venus aporta amor y creatividad, entonces un aspecto de trígono con Júpiter, que tiende a traer buena suerte, puede producir influencias muy favorables en las áreas del amor y el arte. Una colocación particularmente poderosa puede ocurrir cuando tres planetas forman un triángulo en su carta natal, cada uno ocupando un signo con el mismo elemento. Este aspecto se conoce como gran trígono y asegurará el libre flujo de todas las mejores características y energías de los tres planetas en cuestión. Esta poderosa combinación puede bendecirle con muchos dones y mucha buena fortuna, todo lo cual se manifestará de forma diferente dependiendo de los planetas que formen el gran trígono. Al mismo tiempo, es importante recordar que tal dominio de los trígonos en su carta astral puede hacer que las cosas sean tan cómodas que su motivación para superarse disminuya, algo con lo que debe tener cuidado.

Oposición

Como su nombre indica, la oposición es un aspecto en el que dos planetas ocupan posiciones opuestas en el cielo, a unos 180 grados o seis signos zodiacales de distancia. La polaridad y el conflicto son los temas centrales de este aspecto, que trata del equilibrio y de aprender a mantenerlo. Sin embargo, si lo aborda correctamente, puede ser de gran ayuda y enseñarle muchas lecciones. Como tal, este aspecto es potencialmente difícil y tenso, pero generalmente es más favorable que un cuadril.

Un aspecto de oposición en la carta astral puede manifestarse como una marcada dualidad en algunas personas. Piense en cambios de humor, alternancias entre extremos de cualquier tipo y una inclinación general hacia los cambios rápidos. El aspecto de oposición tiene un importante factor atenuante: la compatibilidad de elementos de los signos que ocupan los planetas. Esta compatibilidad suele ser la clave para controlar un aspecto de oposición en la carta y tenerlo bajo control.

Los signos opuestos y sus planetas ocupantes pueden encontrar una lengua común y, finalmente, empezar a trabajar al unísono a través del compromiso. Por supuesto, esto depende en gran medida de los planetas de la ecuación y de cómo interactúan sus energías. Aunque dos planetas puedan caer en oposición, sus rasgos pueden ser bastante complementarios, encajando como dos piezas opuestas en un todo funcional. La compatibilidad elemental juega un papel importante en este sentido, pero el mayor factor es el esfuerzo personal para que estas influencias funcionen juntas. El hecho de que los signos opuestos compartan su modalidad es otro problema que puede dificultar el entendimiento, pero si se esfuerza lo suficiente, los compromisos son posibles.

Debe interpretar los planetas de su carta, analizar sus rasgos y ver cómo se relaciona esta información con su vida. Los planetas opuestos pueden mostrarle en qué defectos debe trabajar, en qué frentes debe presionar y dónde debe adoptar un enfoque más relajado. Así es como las influencias conflictivas de los planetas opuestos pueden equilibrarse, ayudando en última instancia a sacar lo mejor de esta relación. También es importante tener en cuenta cuál de los planetas es más dominante, ya que es probable que sea aquel con el que tenga que trabajar.

Capítulo 7: Aspectos planetarios secundarios

Aunque los aspectos planetarios mayores suelen considerarse los más importantes o «principales», por así decirlo, también existen aspectos planetarios menores. Los aspectos de esta categoría son más numerosos y pueden ejercer diversas influencias astrológicas en la carta astral de una persona. En consecuencia, estos aspectos pueden ser muy importantes para una lectura precisa de la carta y para sacar más provecho de la astrología práctica, en general.

Algunos aspectos menores se mencionan y analizan con más frecuencia que otros, pero cuanto más aprenda sobre ellos, más herramientas tendrá a su disposición. En términos generales, los aspectos menores se asocian con algunas de las influencias y fuerzas sutiles de la carta. Algunos astrólogos describen los aspectos menores como relacionados con lo «mágico». También están más abiertos a la interpretación, con significados menos fijos que los de los aspectos mayores. El hecho de que su influencia rara vez esté completamente clara es una de las razones por las que estos aspectos se asocian con lo mágico y lo oculto.

Algunos astrólogos clasifican los aspectos astrológicos menores en dos categorías: una tiene que ver con las habilidades especiales y la otra con las fuerzas kármicas. Estas dos categorías también tienen sus mantras: «Yo hago» y «Yo hice», respectivamente. Dado que el número de aspectos menores puede llegar a ser bastante elevado, los astrólogos suelen limitar su número a unos pocos aspectos más comúnmente interpretados en función de cuánto se profundice en una carta. También se dividen en aspectos menores propios y raros. Es importante no dejarse engañar por la palabra «menores», ya que estos aspectos pueden ser tan importantes como los mayores y a menudo proporcionan la información exacta que se necesita para llegar a una conclusión valiosa al leer una carta. En este capítulo, veremos diez aspectos menores que suelen aparecer con más frecuencia en las cartas.

Semisextil

Como habrá deducido por su nombre, el aspecto semisextil se produce cuando los planetas se colocan con una separación de 30 grados o la mitad de un sextil. Esto significa que los planetas estarán situados en dos signos zodiacales consecutivos o vecinos en cuanto a la colocación planetaria. Esto tiene algunas implicaciones en el sentido astrológico, una de las cuales es que los dos planetas no tienen línea de visión entre ellos. Como tales, los aspectos semisextiles producen cierta tensión e incertidumbre, pero en última instancia son manejables.

Los planetas en este aspecto tendrán cierto grado de atracción entre ellos solo en virtud de su cercanía. Aun así, puede costar algún esfuerzo hacer que las energías e influencias de los dos planetas confluyan como deberían. Como ocurre con la mayoría de los aspectos astrológicos problemáticos, el compromiso es el mejor camino hacia lograr tal fin. Los signos consecutivos del zodíaco son siempre muy diferentes entre sí, divergentes en modalidad, polaridad y elemento. Si a esto le añadimos el conflicto potencial entre las energías de dos planetas muy diferentes que ocupan esos signos, tenemos una mezcla problemática que hay que resolver.

Al ser un aspecto menor, el semisextil no es el aspecto más influyente que se puede encontrar en una carta astral, pero merece la pena destacarlo por su asociación con el potencial. Al observar los rasgos y las energías que aportan los planetas en cuestión, estos factores pueden leerse como influencias que podrían o no estar actuando. Si su carta natal indica que sus planetas en semisextil podrían beneficiarle, merece la pena estudiarlo.

Quincuncio

El aspecto quincuncio, también conocido como inconjunción, se produce cuando los planetas se sitúan a unos 150 grados de distancia en la carta. La inconjunción es otro aspecto que aporta cierta tensión y malestar. Aun así, es el aspecto que la mayoría de los astrólogos consideran más importante entre los aspectos menores. Los planetas en este aspecto entran en conflicto, y sus energías estarán normalmente en un estado perpetuo de conflicto, con el planeta dominante ejerciendo una influencia más fuerte y suprimiendo al otro.

Este es otro de esos aspectos en los que el análisis de su carta y algo de introspección pueden ayudar a descubrir la mejor manera de equilibrar las influencias astrológicas en conflicto. Dependiendo de los planetas y signos en cuestión, puede ser difícil, pero la autorrealización y la mejora que puede venir como resultado valdrá la pena el esfuerzo. El quincuncio puede ser sorprendentemente influyente y notable en su vida para ser un aspecto astrológico menor.

Si a menudo se siente frustrado, dividido entre diferentes opciones y fuentes de presión, o simplemente en conflicto, puede que tenga un aspecto quincuncio en su carta. Si hubiera que describir el quincuncio con una palabra, sería estrés. Puede ver este aspecto como dos energías individuales que no tienen nada en común y están en conflicto encerradas juntas en una habitación pequeña. Esto es exactamente lo que ocurre con los planetas en inconjunción, una perturbación que requiere trabajo. El quincuncio también se asocia con el karma y la medicina.

Quintil

El semisextil y el quincuncio suelen considerarse los dos aspectos principales dentro de la categoría menor. Los otros numerosos aspectos astrológicos menores suelen clasificarse como menos importantes, pero sin duda pueden ejercer una influencia notable en su vida. Cuando todos esos otros detalles de su carta astral no son suficientes, y algunas preguntas siguen sin respuesta, será el momento de profundizar, y ahí es donde entran en juego los aspectos astrológicos adicionales, por poco importantes que puedan parecerles a algunos.

Uno de estos aspectos menos comunes es el quintil, que se produce cuando los planetas se encuentran a unos 72 grados de distancia entre sí. El aspecto quintil es generalmente una influencia positiva y favorable, asociada sobre todo con talentos innatos y sentidos delicados. Este aspecto puede ser muy enérgico y estimular la ambición y el deseo de expresarse. En la cresta de la ola de este aspecto, también puede sentir un mayor impulso para influir en el mundo. Los sentidos agudos y agudizados que fomenta este aspecto también pueden permitirle ver las cosas más allá del nivel superficial, obteniendo percepciones que la mayoría de las personas podrían pasar por alto.

Aun así, el quintil no es el tipo de aspecto que hará las cosas por usted, ya que le exigirá que se esfuerce por aprovechar sus talentos y su intuición. El quintil es un aspecto armonioso que divide la rueda en cinco partes iguales y forma una estrella de cinco puntas en la carta. Aunque los astrólogos a menudo pasan por alto este aspecto, se sabe que desvela lecciones y potencial que de otro modo permanecerían ocultos.

Biquintil

Los planetas están en aspecto biquintil cuando están separados por unos 144 grados en la carta. Al igual que el aspecto quintil, el aspecto biquintil es un aspecto favorable con influencias positivas, aunque los astrólogos suelen descuidarlo. Un aspecto biquintil equivale a dos quintiles o, más exactamente, a un tercio del círculo de la carta. Dependiendo de las colocaciones planetarias, una carta astral puede contener más de un aspecto biquintil. Cuando dos de ellos se unen, sus líneas forman una figura parecida a la punta de una lanza o una flecha, lo que constituye una poderosa influencia en lo que a aspectos menores se refiere.

Así como el aspecto quintil se sitúa entre sextil y cuadril, representando las crisis de talento y creatividad, el aspecto biquintil se sitúa entre la incomodidad del sesquicuadril y la necesidad de ajustarse, que se asocia con el quincuncio. Todo esto significa que el aspecto biquintil está fuertemente asociado con las búsquedas artísticas, lo cual es incluso más pronunciado que en el aspecto quintil. Este aspecto también impulsa al individuo a ser aún más expresivo y a compartir sus ideas con el mundo. Recuerde que tanto los aspectos quintiles como los biquintiles pueden arrojar luz sobre talentos ocultos si sabe dónde buscar. Si se pregunta para qué es bueno y si tiene un don para ciertas habilidades, asegúrese de averiguar si alguno de estos aspectos está actuando en algún lugar de su carta natal.

Septil

Dentro de los aspectos septiles, hay septiles regulares, biseptiles y triseptiles, que comienzan con el septil básico. Este divide a los planetas en 51 grados y 25 minutos en la carta. El septil básico divide el horóscopo en siete partes iguales y se considera uno de los aspectos más raros que pueden aparecer en una carta astral.

El aspecto septil tiene algunas asociaciones poderosas con el simbolismo, incluyendo el heptagrama y el número siete. El heptagrama (estrella de siete puntas) se relaciona con el sentido más amplio de las siete esferas planetarias y el paso del tiempo. Los astrólogos también asocian este aspecto con la divinidad y la espiritualidad, que está claramente simbolizada por el número siete. Este número ha tenido durante mucho tiempo un gran poder simbólico en la religión, con connotaciones espirituales muy fuertes. Así pues, el septil puede ser un aspecto muy inspirador que tiende a fomentar el sentido humano de la maravilla y nuestro asombro ante el universo en toda su grandeza. Este tipo de influencia fomenta el crecimiento espiritual y puede ayudarle en su camino hacia una conciencia y un estado mental más elevados, ya sea en relación con la espiritualidad, el arte o cualquier otra empresa que surja de su interior.

Este aspecto de perspicacia y visión más profundas va más allá del individuo y sus preocupaciones terrenales. Aprovechar la energía de un aspecto septil, suponiendo que aparezca en su carta astral, es sintonizar con dimensiones que van más allá de nuestra comprensión básica.

Octil

El aspecto octílico se produce entre planetas separados 45 grados en la carta. Como se trata de la mitad de un ángulo de 90 grados, también se denomina aspecto semicuadril. El aspecto octílico es la octava parte del círculo completo de la carta y, en muchos sentidos, es una versión a menor escala del aspecto cuadril. Esto significa que conserva muchos de los efectos adversos del aspecto cuadril, como la tensión, el estrés y el conflicto, pero con menor intensidad.

Al igual que el aspecto cuadril, el octílico puede ayudarle a identificar ciertas áreas problemáticas y presentar retos que debe superar para emprender acciones significativas y realizar los cambios necesarios en su vida. La inquietud, el malestar y las molestias sutiles pueden ser síntomas de la influencia de un aspecto octílico que debe abordarse. Al igual que los cuadriles, este aspecto planetario adverso representa tanto una oportunidad como una molestia. El hecho de que el aspecto semicuadril sea menos intenso que el cuadril completo también tiene su reverso.

Aunque su influencia puede ser más débil, esto también significa que puede ser más difícil de sentir y detectar, lo que puede causar dificultades para identificar el problema. Esto hace que la tensión y el conflicto en la carta sean muy fáciles de ignorar y esconder bajo la alfombra. Por muy tentador que esto pueda resultar para la mayoría de la gente, es una mala idea dejar esta tensión sin controlar. También existen los semioctiles, que dividen la carta en partes de la mitad del tamaño de los octiles normales, es decir, 22,5 grados. Este aspecto es aún más raro y menos utilizado que el de los octiles.

Sesquicuadratura

También llamado aspecto *sesquicuadrado* o *trioctil*, este aspecto planetario de nombre peculiar se produce cuando los planetas están situados a 135 grados de distancia entre sí. Se trata de otro de los aspectos conflictivos, ya que los planetas que lo presentan no estarán inclinados a interactuar de forma productiva y constructiva. Como siempre ocurre en este tipo de disposiciones astrológicas, es inevitable que surjan tensiones. Es posible que tenga que hacer frente a otro conflicto, suponiendo que este raro aspecto aparezca en su carta.

Como siempre que se trata de este tipo de aspectos, el conflicto debería resolverse mediante un compromiso. Mientras pueda concentrarse en adoptar lo mejor de ambos planetas, debería ser capaz de equilibrar este aspecto menor. Llegar a buenos términos con el aspecto trioctil es más fácil a través de la honestidad, especialmente la honestidad con uno mismo. Gran parte de la tensión de este aspecto también proviene del hecho de que equivale a un cuadril y medio. Este aspecto puede formar un octagrama en un horóscopo compuesto por dos cuadriles que se imponen uno sobre otro. Por eso algunos astrólogos interpretan el aspecto sesquicuadrado como el «supercuadrado». La intensidad de este aspecto sólo se ve mitigada por su rareza y por ser un aspecto menor.

Los conflictos a los que se asocia el aspecto sesquicuadrado también tienen mucho que ver con el karma. Por eso, a veces se denomina a este aspecto la clave kármica de la carta astral. Los valores conflictivos y la agitación interior en torno a cuestiones morales difíciles son temas comunes. Debido a la naturaleza sutil de los aspectos menores, este conflicto a menudo se desarrolla en el subconsciente, donde puede pasar desapercibido con facilidad. Tomar conciencia de este conflicto le ayudará a reparar esta confusión, que es cómo un sesquicuadrado puede ser utilizado en su beneficio cuando se produce en su carta.

Novil

Los aspectos noviles también se denominan noniles o nonágonos, y se producen cuando los planetas se encuentran a 40 grados de distancia. Este aspecto menor, que a menudo se pasa por alto, tiene una asociación muy específica con el embarazo y todo el proceso de creación, y algunos astrólogos se refieren a él como el aspecto de finalización. Esta influencia puede aplicarse a numerosas áreas de la vida y sus experiencias más allá del embarazo propiamente dicho. El inicio, el nacimiento y el crecimiento de las ideas, por ejemplo, son temas comunes asociados al aspecto novil.

Además, la asociación con el nacimiento también se traslada al tema de la transformación. Un aspecto novil en su carta natal puede señalar el final de algún tipo de fase o proceso en curso que puede haber tenido lugar en su vida durante un tiempo. Por otro lado, también puede simbolizar el comienzo de algo nuevo. En cualquier caso, este sutil aspecto astrológico ejercerá energías que sólo captarán las personas más sensibles. Sin embargo, es un aspecto útil al que vale la pena prestar atención cuando se identifica. Los aspectos noviles también pueden presentarse en forma de binovil y quadranovil si se dan las colocaciones planetarias adecuadas en la carta astral.

Decil y Undecil

Los planetas poseen un aspecto *decil* cuando están separados 36 grados en su carta. El aspecto decil divide la carta en diez partes iguales. En general, el aspecto decil se considera favorable con algunos beneficios, aunque su efecto se ve disminuido por ser un aspecto menor y poco frecuente. Al igual que algunos de los aspectos anteriores, el aspecto decil tiene mucho que ver con todo lo oculto, especialmente con los talentos que yacen latentes en el individuo y que están sin explotar. Mientras que un aspecto como el quintil se asocia con talentos fuertes y ya considerablemente perfeccionados, el decil dinamiza talentos de los que puede ser completamente inconsciente. Es un aspecto de dones ocultos que aún esperan ser cosechados.

También hay trígonos y quindeciles, que separan a los planetas 108 y 24 grados, respectivamente. Algunos astrólogos se refieren al aspecto quindecil como «lo fatal en lo natal», y puede referirse a las obsesiones y a todas las cosas involuntarias y compulsivas. Cuando está presente y se siente, este aspecto puede separar al individuo de la realidad, al menos en lo que respecta a los rasgos y áreas de la vida regidos por los planetas en quindecil en la carta.

El aspecto *undecil* se produce cuando los planetas están separados 32 grados y 44 minutos. Se trata de la undécima parte de la carta, lo que supone una división de la carta mucho menos redondeada que el decil. Como algunos de los otros aspectos que hemos tratado, este aspecto es una adición relativamente reciente a la astrología y no se utilizaba tradicionalmente. Hoy en día, se utiliza sobre todo en la práctica astrológica conocida como *Armónicos*. Aparte del aspecto undecil normal, también existen los aspectos biundecil, triundecil, quadraundecil y quintundecil.

Capítulo 8: Interpretar cartas natales

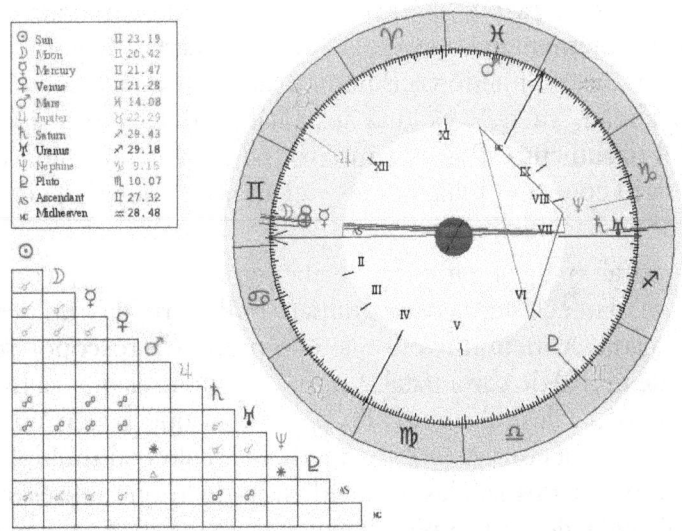

Carta natal simple
No machine-readable author provided. Leopanza~commonswiki assumed (based on copyright claims)., CC BY-SA 3.0 <http://creativecommons.org/licenses/by-sa/3.0/>, via Wikimedia Commons https://commons.wikimedia.org/wiki/File:Birth_chart_example.JPG

Cuando domine los fundamentos de la astrología práctica, lo único que queda es aplicar todos esos conocimientos teóricos a la práctica y empezar a leer sus astros. Como ya hemos dicho, ya sea en línea o en persona, los astrólogos pueden ayudar a confeccionar una carta astral e interpretarla, pero eso no significa que no deba aprender a hacerlo usted mismo. Con varias herramientas en línea a su disposición, hacer su propia carta astral nunca fue tan fácil, así que todo lo que necesita para empezar es saber lo que está mirando.

Como ha visto hasta ahora en este libro, hay mucho que desentrañar a la hora de practicar la astrología. La astrología es una intrincada red de factores entrelazados que se alimentan mutuamente e interactúan de muchas maneras diferentes. Usted y su vida están atrapados justo en medio de esta tormenta de energías que impregnan los cielos. Ya que sabe cómo leer e interpretar los factores astrológicos básicos individualmente, dedicaremos un capítulo a explorar las cartas natales antes mencionadas y cómo puede empezar a leer la suya.

¿Qué es una carta natal?

Ya se habrá dado cuenta de que hemos hecho muchas menciones a las cartas natales, y con razón. Todos los demás conocimientos teóricos conducen inevitablemente al arte de la lectura de cartas. Como ya hemos indicado, la carta astral puede considerarse una representación simbólica de la personalidad, ya que es una instantánea del cielo visible en el momento del nacimiento. Por este motivo, para crear una carta natal no sólo es necesario conocer el día, el mes y el año, sino también el lugar y la hora exacta de su nacimiento.

La carta astral o natal también recibe otros nombres, como carta astrológica, mapa celeste, cosmograma, radix, rueda de cartas o simplemente carta. A menudo verá que el término «horóscopo» se utiliza indistintamente con el de carta natal. Lo más probable es que ya haya visto una o dos cartas natales, al menos de pasada, ya que tienen un aspecto muy distinto. La carta consiste en una rueda o círculo con múltiples capas divididas en varias partes iguales, dependiendo de lo que represente cada capa. Una plantilla de carta típica incluye signos zodiacales, marcas de grados, casas y un círculo central.

La división del plano eclíptico en doce casas puede consistir o no en doce partes iguales de 30 grados cada una, dependiendo del sistema que se utilice. La posición de la primera casa depende de la información en la que se base la carta, pero la cúspide (la línea entre dos casas o signos) de la primera casa siempre comenzará en el ascendente. Esta primera casa determina el resto de las casas, que siguen el sentido contrario a las agujas del reloj alrededor de la rueda. Como ya hemos mencionado de pasada, el ascendente representa el punto exacto que se eleva justo sobre el horizonte oriental en el momento de su nacimiento, por lo que depende claramente de la rotación de la Tierra. Este es un factor increíblemente importante que determina su carta astral y es crucial para interpretarla.

También observará que el círculo central a menudo contiene numerosas líneas que conectan varios puntos del círculo, con muchas líneas descentradas. Las líneas suelen ser de distintos colores porque es necesario diferenciarlas para representar aspectos. Ésta es más o menos una descripción básica de la apariencia de una carta astral, pero puede haber algunas variaciones, dependiendo de la metodología del astrólogo.

Desde el punto de vista histórico, pasó un tiempo desde los primeros días de la astrología antigua hasta que los astrólogos empezaron a utilizar lo que podríamos considerar cartas natales en el sentido contemporáneo. Sin embargo, la práctica de elaborar y leer cartas natales es bastante antigua, aunque no tanto como la propia astrología. Algunas de las primeras cartas natales u horóscopos reconocibles se remontan al año 400 a. C. aproximadamente.

Aparte de las cartas natales normales, muchas cartas astrológicas siguen principios similares y se utilizan para obtener una lectura de otras cosas que puedan interesar a un astrólogo. Un ejemplo es la llamada carta de compatibilidad, cuyo objetivo es mostrar lo bien que se llevaría con los demás. Las cartas de compatibilidad suelen dividirse en cartas de sinastría, que comparan los planetas de dos cartas natales, y cartas compuestas, que mezclan dos cartas dadas en una, centrándose en el potencial de relación entre ambas.

Otro ejemplo de carta astrológica es la carta solar, que es una carta anual que analiza el periodo entre dos cumpleaños. También hay cartas astrológicas que se centran exclusivamente en ayudarle a planificar eventos. Una carta de eventos es simplemente una carta basada en la fecha, hora y lugar del evento. Recuerde que las cartas natales también son cartas de eventos, ya que el evento en cuestión es el nacimiento de una persona, por lo que la metodología también puede aplicarse a la mayoría de los acontecimientos. Si tiene una entrevista importante próximamente o está pensando en cuándo debería programar una gran celebración de algún tipo, leer una carta astral puede ayudar para hacerse una idea de las circunstancias astrológicas y la fortuna general que se puede esperar.

Las cartas astrológicas también han experimentado variaciones entre las distintas culturas. Aparte de la astrología occidental, las prácticas astrológicas védica y china también han producido cartas y métodos similares para realizar lecturas astrológicas. Algunos cálculos y principios subyacentes difieren de los occidentales, pero el objetivo general sigue siendo el mismo. Una de las diferencias más destacadas en China es el zodíaco chino, con su sistema bastante famoso de animales, elementos y años.

Leer lo que está escrito

A lo largo de nuestros capítulos anteriores, ha aprendido gran parte de los conocimientos fundamentales que necesita para leer una carta natal. Comprender todos esos factores en juego le permitirá recorrer más de la mitad del camino para convertirse en un lector de cartas natales, pero aún tendrá que aprender algunas cosas más. Una vez resuelto el aspecto teórico, lo siguiente es familiarizarse con los aspectos visuales de una carta natal.

Cuando observe una carta astral, verá que se trata básicamente de un círculo lleno de todo tipo de símbolos, líneas y otras representaciones visuales de los factores astrológicos que intervienen. Estos símbolos son el lenguaje escrito de la astrología, y tendrá que aprender a manejarlos si quiere leer cartas, pero no costará demasiado esfuerzo. Los símbolos ayudarán a leer, y los conocimientos teóricos que hemos tratado hasta ahora ayudarán a interpretar, y eso es más o menos a lo que se reduce la lectura de la carta astral.

El primer paso práctico para leer su carta astral es hacer una. Esto es muy fácil de hacer hoy en día, gracias a los recursos en línea que harán automáticamente una carta para usted con base en la información introducida. Una simple búsqueda en Internet revelará muchos sitios web que ofrecen esta herramienta. Basta con introducir la hora, la fecha y el lugar de nacimiento, y el algoritmo hará el resto por usted. En caso de que no sepa o no pueda averiguar la hora exacta de su nacimiento, la mayoría de los algoritmos le pedirán que nombre el mediodía como hora de nacimiento. Esto hará que la carta sea algo menos precisa, pero aun así tendrá material más que de sobra para analizar.

Si usted es principiante, es una buena idea que haga una hoja o leyenda de símbolos astrológicos para tenerla a mano, porque lleva un poco de práctica y tiempo hasta que domine el lenguaje escrito de la astrología.

Cuando saque su carta astral, es hora de aplicar lo que ha aprendido sobre los rasgos y las energías de los planetas, los signos zodiacales, las casas astrológicas y los aspectos, que serán más que suficientes para una lectura básica pero sólida.

Al leer los símbolos, una de las primeras cosas que notará es que los planetas ocupan puntos específicos de la rueda en un orden muy singular y desigual a lo largo de los doce signos. Ésta es la esencia de su carta y explicará gran parte de la información que leerá. Lo primero que debe tener en cuenta es su propio signo solar, que probablemente conozca de toda la vida. Tome nota de qué planetas están dentro de ese signo o cerca de él, y entonces podrá empezar a interpretar las influencias en juego.

Recuerde que muchos de los algoritmos y herramientas de Internet también proporcionarán sus propias interpretaciones de su carta astral. Sin embargo, es posible que no quiera confiar en estas lecturas automatizadas porque su alcance es limitado y la información suele ser muy simplista, a menudo carente de contexto. Si sólo recibe una lista robótica de rasgos, predicciones y suposiciones sin una narración cohesionada y coherente, podría llegar sin fundamento a algunas conclusiones negativas o desmoralizadoras. Lo mejor que puede hacer es utilizar sus propios conocimientos y mejorar en la interpretación a través de la práctica o hablando con un astrólogo profesional.

Más allá de su signo solar, fíjese bien en todas las demás colocaciones planetarias y utilice este libro como referencia para determinar qué significan esas colocaciones. Recuerde que, aunque vea ciertas colocaciones poco favorables, sigue habiendo aspectos, casas astrológicas y otros factores que a menudo mitigan los efectos negativos o crean sinergias únicas de influencias que podría pasar por alto si se centra en sus colocaciones. Al analizar las colocaciones, también es importante recordar el planeta regente de su signo para ver cómo le va en su carta.

Una buena forma de leer una carta es tener unos cuantos objetivos o áreas de interés clave, como el amor o el trabajo. Por ejemplo, si quiere saber qué perspectivas tienes en la vida en cuanto al amor y las relaciones, preste especial atención a los planetas intensos y las casas asociadas a estos temas. Cuando sepa lo que está buscando, la lectura de la carta será más sencilla y centrada, lo que ayudará a no perderse en detalles que no importan demasiado.

Preste atención a fenómenos poco frecuentes, como los stelliums, que ya hemos mencionado brevemente al hablar de los aspectos. Tres o más planetas en un mismo signo son una poderosa fuente de energía, para bien o para mal. También debe prestar atención al equilibrio de elementos y modalidades en su carta. Todas estas cosas son exclusivas de su carta y están sujetas a tantas variaciones que es imposible predecir lo que encontrará cuando profundice en ella. La mejor manera de convertirse en un experto lector de cartas es empezar. Haga una carta en línea, abra este libro, tómese un café y dedique tiempo a estudiar este intrincado rompecabezas.

Consejos adicionales

A veces, leer la carta astral puede ser especialmente útil, sobre todo a principios de año y el día de su cumpleaños. El comienzo de un nuevo año es el momento perfecto para hacer una carta de tránsitos y ver qué nos deparan los planetas. Los tránsitos planetarios se tratarán con más detalle en el próximo capítulo, pero basta decir que las cartas de tránsitos son probablemente la herramienta astrológica más valiosa para predecir el futuro. El análisis de los tránsitos suele incluir comparaciones con la carta natal.

Esto se suele hacer añadiendo una capa más de círculo exterior a la carta natal, que contendrá los símbolos planetarios que indican dónde se encuentran los planetas en ese día concreto. De este modo, los astrólogos pueden comparar fácilmente las posiciones entre ese día y las posiciones fijas de los planetas en su carta natal. Se trata de lecturas astrológicas bastante avanzadas, por lo que es normal que una carta tan compleja le abrume al principio en vez de orientarle.

Suponiendo que sea principiante en la lectura de cartas astrales, es posible que quiera empezar siguiendo un cierto orden al mirar su carta. Después de mirar su signo solar, puede ver qué ocurre con sus signos lunar y ascendente. Simplemente busque el símbolo de la luna en su carta natal generada y anote qué signo ocupa. En cuanto al ascendente, tenga en cuenta que sólo podrá determinarlo con precisión si ha introducido su hora exacta de nacimiento en el cálculo de la carta. Mire dónde empieza la primera casa de su carta para determinar su signo ascendente.

Una buena forma de practicar y mejorar en la lectura de cartas natales es hacer la carta de otra persona, sobre todo de alguien a quien conozca muy bien. A la mayoría de la gente le cuesta ser objetiva e imparcial sobre sí misma, sus rasgos, personalidad, defectos y virtudes, por lo que al principio puede resultar un poco difícil ver todas esas sutiles conexiones entre su vida y sus influencias astrológicas. Para algunas personas, lo mejor es empezar haciendo su primera carta astral sobre un amigo íntimo o un familiar como introducción a la práctica. Cuando aprenda el truco, se sorprenderá de la cantidad de coincidencias que hay entre lo que aparece en la carta y lo que ha visto en su vida.

Por último, pero no por ello menos importante, vale la pena señalar ciertos patrones que hay que buscar al analizar las cartas natales. Este tipo de cosas le resultarán más naturales después de algo de práctica, pero hay formas de acelerar su aclimatación. Un método que puede aplicar es el análisis de hemisferios, que se reduce a dividir la rueda de la carta por la mitad horizontal y verticalmente y contar el número de planetas a cada lado de la línea. Otro método es el análisis de patrones, que se centra en la distribución de los planetas en la rueda.

Estos dos métodos de lectura de cartas se apartan de la interpretación tradicional porque se centran únicamente en el patrón de los planetas en la carta como fuente de información, en lugar de interpretar los rasgos, las energías, los aspectos y todo lo demás. Por ejemplo, si un análisis hemisférico le muestra que hay siete planetas por encima de la línea horizontal, esto indica que usted es probablemente una persona extrovertida. En el caso contrario, probablemente sea introvertido. A la inversa, el número de planetas a cada lado de la línea vertical mide la prevalencia de la dependencia o la independencia en su personalidad.

Esto es sólo un breve resumen de otra forma de ver las cartas natales. Dado que el análisis de patrones evita en gran medida la interpretación detallada basada en los conocimientos teóricos que hemos tratado, merece la pena que le eche un vistazo si usted es principiante. La simplicidad implica menos precisión, así que tenga en cuenta que será necesaria una interpretación detallada para obtener lecturas más precisas.

Capítulo 9: Tránsitos planetarios

Los tránsitos planetarios son un aspecto de la astrología práctica que se pasa por alto. Mientras que las cartas natales se centran principalmente en los rasgos personales y ayudan a aprender cosas sobre uno mismo y a reflexionar, los tránsitos planetarios son una de las herramientas que se utilizan para intentar comprender el futuro. Por supuesto, el futuro es algo voluble, por lo que es difícil hablar de él sin entrar en conjeturas. Los tránsitos planetarios son útiles porque proporcionan una apariencia de algo concreto que puede analizarse y leerse para llegar a ciertas conclusiones en esta parte de la astrología que, de otro modo, sería misteriosa.

Aunque el término «tránsito planetario» parece implicar un tema generalizado relativo al movimiento de los cuerpos celestes, en realidad se refiere a algo más específico. En los términos más sencillos, un tránsito planetario es un movimiento que realiza un planeta a través de sus planetas natales, que son las posiciones de los planetas en su carta natal. Por ejemplo, considere una carta natal que muestre a Marte en Aries en el momento de su nacimiento. Se produce un tránsito en el tiempo presente si un planeta se encuentra atravesando Aries y se alinea con el punto que Marte ocupaba en ese signo en el momento de su nacimiento. Para que el tránsito tenga sentido, la alineación debe estar a un máximo de 10 grados. Cuando esto ocurre, el planeta en cuestión está «transitando a través de su Marte natal», como llamarían los astrólogos a este proceso. Otra forma de ver los tránsitos sería como aspectos entre un planeta en tránsito y una posición planetaria en su carta. Los aspectos en tránsito se definen por no más de un par de grados de desviación a cada lado de su planeta natal.

La lectura de los tránsitos es diferente de la lectura de la carta natal, ya que ésta se parece a una simple instantánea del cielo en el momento en que nació. Como ha visto, su carta natal es un análisis personal que puede ayudar a comprender mejor sus puntos fuertes, sus debilidades, sus sentimientos y su mentalidad. Con los tránsitos, verá hacia dónde se dirigen los planetas, no sólo dónde estaban situados en un momento dado. Dado que los tránsitos son sucesos que van y vienen, a menudo nos influyen de formas nuevas e inesperadas. Algunas formas comunes en que se manifiestan estos efectos incluyen cambios sustanciales de humor o sentimientos y otros cambios similares que llegan de repente. Estas cosas ocurren porque los planetas que están transitando por su planeta natal traen energías a las que no está acostumbrado.

Como suele ocurrir cuando las influencias astrológicas se encuentran e interactúan, los tránsitos suelen parecerse a una convergencia de energías que se mezclan para producir determinados resultados. Piense en cómo podría afectarle un planeta de la comunicación como Mercurio si transita por su Venus natal. Puesto que Venus es un planeta del amor y Mercurio rige la comunicación y la expresión, es posible que se encuentre más dispuesto y cómodo para expresar su amor a las personas importantes de su vida, como la familia o los amigos. Si Marte atraviesa Mercurio natal, por ejemplo, puede que se encuentre más agresivo y abierto a la hora de comunicarse, para bien o para mal.

Estos son sólo dos ejemplos de los efectos más específicos que pueden producir los tránsitos, pero no siempre se manifiestan. A veces, estas energías llegarán a su vida como un cambio más sutil y general en temas como los sentimientos, la actitud o el estado de ánimo. Esta influencia puede afectar a su vida diaria, pero la intensidad de los efectos variará en función de muchos factores. Los tránsitos que ocurren a través de su Sol o Luna natales tienden a producir estos efectos generales más amplios, mientras que otros planetas mostrarán normalmente más carácter según sus rasgos. El regente planetario de su signo zodiacal también influirá.

Además de influir en su mundo interior, las energías procedentes de los tránsitos planetarios también cambiarán la forma en que irradia sus energías y cómo se relaciona con el mundo. Por ejemplo, podría producirse un cambio en el tipo de personas que atrae y con las que se cruza. La atracción también va más allá de las personas, lo que significa que los tránsitos planetarios pueden afectar al tipo de suerte y fortuna que atrae. En general, si quiere entender mejor cómo afectan los planetas más allá de lo básico, debería leer los tránsitos. Los movimientos próximos de todos los cuerpos celestes de nuestro cielo pueden predecirse astronómicamente, por lo que siempre hay mucho que aprender sobre lo que está por venir.

Los tránsitos planetarios se clasifican generalmente en categorías exteriores e interiores, definidas por la distancia de los planetas de nuestro sistema solar al Sol. En este capítulo examinaremos más de cerca estas dos categorías y algunas de las características de cómo se comporta e interactúa cada uno de los planetas principales cuando transitan por signos y casas.

Tránsitos exteriores

Los planetas exteriores suelen ser los primeros que analizan los astrólogos cuando realizan una lectura de sus tránsitos planetarios. Como recordará de lo que hablamos antes sobre los planetas individuales y sus características, algunos planetas tardan mucho tiempo en atravesar el zodíaco. Esto se debe a que los planetas lejanos tienen un viaje mucho más largo alrededor del sol. Así, algunos de los planetas más lejanos, como Neptuno y Plutón, tardarán siglos en realizar tránsitos, lo que da lugar a acontecimientos astrológicos muy poco frecuentes.

Debido a que los planetas exteriores tardan más en realizar sus tránsitos, los astrólogos tienden a centrarse principalmente en ellos cuando intentan obtener una lectura del porvenir. Esto se debe a que estos planetas dejan tiempo suficiente para planificar y pensar con antelación. Los planetas cuyos tránsitos pertenecen a la categoría exterior son Júpiter, Saturno, Urano, Neptuno y Plutón.

Júpiter

Júpiter en tránsito es una influencia poderosa, especialmente en lo que se refiere a la energía de expansión y ampliación. El tránsito de Júpiter dura meses, por lo que tiene el potencial de afectar un periodo considerable de su vida y ayudar a conseguir muchas cosas. Este tránsito es también un tiempo de oportunidades, especialmente en aquellas áreas de su vida afectadas por el planeta natal por el que Júpiter está transitando. Este tránsito tiende a traer mucha buena suerte, especialmente en todo lo relacionado con los negocios y su vida profesional en general. El tránsito de Júpiter puede ser un momento de todo tipo de novedades. Dependiendo de los aspectos, este tránsito también puede traer algunas influencias negativas, llevando a errores de juicio, pérdida de control o una racha de mala suerte.

Saturno

Por otro lado, el tránsito de Saturno puede acarrear muchos problemas a las personas. La intensidad de los efectos del tránsito de Saturno variará en función del planeta que atraviese. Sin embargo, algunos de los temas comunes que se pueden esperar incluyen restricciones, disminución de los niveles de energía, cambios de humor, posibles problemas de salud, falta de comunicación, pérdidas de todo tipo y mala suerte en general. Dado que este tránsito afecta a la comunicación, es posible que también experimente algunos reveses en su posición social y en cuanto al respeto. No obstante, el tránsito de Saturno le brindará algunas oportunidades para relajarse, consolidarse, mejorar y planificar a largo plazo. Paciencia y moderación son las palabras clave durante este tránsito y, si lo hace bien, no supondrá más que una ralentización temporal de su vida. Y si lo intenta, puede que incluso acabe siendo beneficioso para usted, gracias a las lecciones aprendidas y a los preparativos realizados antes de que vuelva a ponerse al día después del tránsito.

Urano

El tránsito de Urano puede ser dramático a veces. Este planeta tiende a provocar una gran conmoción cuando está en tránsito, lo que lleva a cambios importantes. Esto puede ser bueno o malo, dependiendo del planeta natal y de cómo gestione este periodo. Es una oportunidad para hacer grandes cambios en la vida y empezar a ir en direcciones completamente nuevas. Del mismo modo que puede causar trastornos en su vida, también puede afectar su mente y carácter, haciéndole sentir rebelde o inusualmente creativo e inspirado. Es una época de ideas poco convencionales y originalidad para usted, ya que el tránsito aviva el fuego de su individualidad y sentido de la libertad.

Neptuno

Neptuno puede traer un poco de misterio y confusión, haciendo de su tránsito un periodo de circunstancias poco claras, extrañas y francamente peculiares. Esto no es necesariamente malo, ya que la energía peculiar de este tránsito también fomenta su creatividad e inspiración. Cuando Neptuno forma un aspecto con un planeta natal o una casa astrológica de su carta, tiende a hacer que sus ideas y sentimientos asociados sean menos claros. Esto puede hacerle propenso al pensamiento ideológico, que puede ser positivo o negativo, según el contexto. El tránsito de Neptuno también tiene implicaciones espirituales considerables, por lo que es un buen momento para centrarse en el aspecto espiritual o religioso de su vida. Por ello, este tránsito puede ser muy beneficioso, siempre y cuando no se desvíe hacia el escapismo o el exceso de pensamiento hasta el punto del delirio. También es el momento de tener cuidado con las adicciones y el abuso de sustancias.

Plutón

Como probablemente pueda predecir por lo que ha aprendido antes sobre los planetas, el tránsito de Plutón suele ser un momento de cambios y transformaciones masivas, con implicaciones personales y generales. Es el momento en que terminan viejas historias y comienzan otras nuevas, normalmente después de haberse desarrollado sutilmente bajo la superficie durante algún tiempo antes de ese momento. La energía transformadora de Plutón también afectará los temas, ideas y rasgos del planeta natal o de la casa con la que el tránsito forme aspecto. El tránsito de Plutón también tiene el potencial de reavivar las llamas de viejos problemas que quizá creía enterrados, obligándole a lidiar con el bagaje del pasado.

Tránsitos internos

La mayoría de los astrólogos dan menos importancia a los tránsitos internos que a los exteriores, y la razón principal es que los tránsitos interiores pasan muy deprisa. Su rápido paso les da una ventana muy limitada para ejercer energías e influencias transitorias, lo que restringe severamente su poder en este sentido. No obstante, los tránsitos de cada uno de estos planetas tienen ciertas características y efectos, que los astrólogos más comprometidos tendrán en cuenta ocasionalmente. Los planetas internos son el Sol, la Luna, Mercurio, Venus y Marte.

El sol

El tránsito solar es relativamente corto y ejerce su máxima influencia durante unos dos días. Este tránsito puede tener diversos efectos según el planeta natal, el signo o la casa por la que transite el Sol. En general, la salud física y mental son áreas muy comunes que afecta el Sol. Como sabe, el Sol es un planeta muy energético y radiante en astrología, por lo que su tránsito también tiene el potencial de hacerle más activo, extrovertido, expresivo y creativo. El Sol en tránsito también puede afectar su fuerza de voluntad, normalmente de forma beneficiosa, pero esto dependerá del aspecto.

La luna

La luna tiene un tránsito muy rápido, que suele durar sólo unas horas. Los efectos de la luna sobre las personas han sido objeto de especulaciones y teorías durante mucho tiempo, y los tránsitos astrológicos forman parte de ese panorama. Cuando la Luna está en tránsito, influirá sobre todo en su estado de ánimo y emocional, como ya sugieren sus rasgos planetarios. Sin embargo, la energía irradiada por la Luna en tránsito no suele ser muy intensa, por lo que sus efectos pueden ser bastante sutiles y subconscientes. Por lo general, el efecto se verá modificado por el planeta natal, la casa o el signo en cuestión. Los planetas que afectan a las emociones, como Neptuno, pueden producir resultados notables cuando se combinan con la Luna.

Mercurio

Al ser el planeta más cercano al Sol, Mercurio atraviesa el zodíaco con bastante rapidez, y su tránsito máximo suele durar como mucho un par de días. Los efectos del tránsito de Mercurio coinciden sobre todo con los rasgos del planeta, en particular su gobierno sobre la comunicación. Es un buen momento para comunicarse con la gente, mantener conversaciones importantes, escribir a sus amigos o reavivar viejas amistades con una visita repentina. Dependiendo de los aspectos que forme Mercurio en tránsito, puede afectar a su forma de pensar para bien o para mal. El tránsito de Mercurio también puede ser una buena oportunidad para realizar un pequeño viaje o algún pequeño cambio positivo en la vida.

Venus

El tránsito de Venus dura más o menos lo mismo que el de Mercurio, con un máximo de un par de días. Los temas del amor y la belleza de Venus son factores significativos en este tránsito, lo que significa que puede ser un momento de fuertes sentimientos, especialmente buenos. Dado que expresamos el amor de varias maneras, entre ellas compartiendo cosas materiales, el tránsito de Venus puede traer consigo regalos y obsequios. Esos dos días pueden ser especialmente propicios para el romance si Venus transita por Urano natal. Venus transitando a través de su Sol o Luna puede significar que es un buen momento para embellecer su vida de alguna manera. Dado que el Sol es expresivo y extrovertido, esto puede significar comprar ropa nueva o mejorar su estilo. Por otro lado, la luna introspectiva puede seguir el tránsito de Venus y motivarle a embellecer sus mundos internos, por ejemplo, mejorando su decoración interior o sus muebles.

Marte

La fuerza, la iniciativa y el coraje de la energía de Marte suelen actuar como combustible para cualquier planeta, casa o signo natal por el que Marte esté transitando. En efecto, Marte se abalanzará y energizará los rasgos de estos factores astrológicos. El tránsito de Marte es también un momento en el que la mayoría de la gente se sentirá más fuerte y con más energía, en general. No obstante, la propia naturaleza de Marte exige precaución durante el tránsito del planeta, ya que los ánimos pueden exaltarse en algunos casos. Este riesgo es especialmente alto cuando Marte transita por la Luna natal, lo que puede provocar días de mal humor.

Retornos planetarios

Los retornos planetarios son un factor importante a tener en cuenta cuando se leen los tránsitos planetarios. En términos sencillos, un retorno planetario se produce cuando un planeta que atraviesa el zodíaco regresa al punto exacto en el que se encontraba en el momento en que una persona nació. Este retorno marca el final de un ciclo importante y está fuertemente asociado con nuevos comienzos y grandes empresas en la vida.

Entre los planetas, Júpiter y Saturno son los dos planetas cuyos retornos se consideran más importantes, con Urano en un cercano tercer lugar en términos de importancia. También es importante señalar que el retorno de Urano tarda 84 años. Por lo tanto, los astrólogos también dan importancia al medio retorno de este planeta, ya que muchas personas no llegan a vivir 84 años y, por lo tanto, es poco probable que experimenten el retorno completo.

Júpiter tarda unos doce años en regresar por completo, lo que marca un importante hito astrológico. El retorno de Júpiter anuncia el comienzo de algo nuevo, como la siguiente fase de un proceso en curso desde hace mucho tiempo. Señala el comienzo de un nuevo crecimiento y desarrollo en el sentido más amplio. Supongamos que dividimos una vida humana según este ciclo. En ese caso, podemos ver que corresponde a algunos hitos importantes, como el comienzo de la adolescencia temprana, en torno a los 12 años, y la verdadera edad adulta, en torno a los 24 años. Júpiter es el planeta de la buena suerte. Entre otras cosas, el año de su regreso suele ser un año de buena suerte en general. Cuando el planeta regresa, es un buen momento para tomar la iniciativa y avanzar hacia sus objetivos, ya que la probabilidad de obtener una recompensa será alta.

Saturno tarda unos 30 años en regresar. El retorno de Saturno se asocia al envejecimiento y a la aceptación de responsabilidades y cambios. El ciclo del retorno de Saturno corresponde aproximadamente a la etapa de la vida en la que muchas personas asumen responsabilidades serias y se comprometen para toda la vida. Sin embargo, el retorno de Saturno también está asociado a las nuevas realidades y a nuestra capacidad para aceptarlas. Esta influencia puede llevar a algunas personas a reconsiderar sus compromisos anteriores. En general, es cuando uno puede decidir tomar una nueva dirección en la vida.

Los 84 años que necesita Urano para regresar son largos, pero esto no es un problema para usted porque el ecuador de ese proceso se considera muy influyente. Cuarenta y dos años después del inicio de un nuevo ciclo, Urano ejerce una influencia que a veces puede manifestarse como dudas sobre sí mismo y desconfianza, por lo que se asocia al fenómeno conocido como crisis de los cuarenta. Esto puede tensar las relaciones a largo plazo, por lo que es importante cuidar los vínculos durante esta época. A pesar del estrés que trae consigo el medio retorno de Urano, sigue siendo una energía fuerte que puede refrescar y revitalizar y lanzarlo a la acción. Por eso, muchas personas de mediana edad adoptan nuevas aficiones y desarrollan nuevos intereses. Para quienes viven hasta los 84 años con buena salud, el pleno retorno de Urano se manifiesta a menudo como una renovada pasión por la vida.

Recuerde que esto ha sido sólo un rápido repaso de lo que son los tránsitos planetarios y cómo pueden afectarle. Los tránsitos y los retornos son temas importantes en la astrología práctica, y hay mucho más que desentrañar si quiere convertirse en un experto en la materia. Aun así, con esta visión general básica, debería ser capaz de comprender los fundamentos de cualquier tránsito próximo que pueda afectarle.

Capítulo 10: Progresiones planetarias

Las progresiones astrológicas o planetarias constituyen otro medio más de predecir acontecimientos y procesos astrológicos que pueden producirse en el futuro. Al igual que los tránsitos, se trata de una de las herramientas más importantes de que dispone la astrología para las predicciones de horóscopo. En los términos más sencillos, una progresión astrológica es un movimiento o «progresión» de su horóscopo desde el nacimiento en adelante con base en su carta natal. En cierto modo, las progresiones astrológicas describen los cambios astrológicos que pueden producirse en su vida a medida que envejece, dando cuenta de sus cambios de perspectiva, valores, comportamiento, etc.

En esencia, la progresión astrológica señala el curso que tomará la vida de una persona. Las progresiones se leen a partir de la carta natal, observando lo que los astrólogos suelen denominar carta natal progresada. Una carta natal progresada se basa en la misma información que una carta típica, más la fecha actual. Como tal, la carta natal progresada mostrará cómo y dónde se han movido los planetas de su carta natal desde aquellas colocaciones en su nacimiento. Teniendo en cuenta que cada signo ocupa 30 grados en la rueda zodiacal, podemos utilizar la velocidad a la que un planeta se desplaza por el zodíaco para determinar si ha salido de su signo natal y cuánto ha avanzado según su edad actual.

Al igual que las cartas natales normales, las cartas progresadas pueden calcularse fácilmente con herramientas en línea. La carta progresada se ve mejor como una especie de carta natal secundaria o auxiliar que arroja algunos detalles adicionales sobre su personalidad y su vida, sobre todo en lo que se refiere a cómo puede haber cambiado durante su estancia en este planeta. Los astrólogos también pueden hacer ciertas predicciones sobre el resto de su viaje basándose en ella. Mirar una carta progresada puede llevar a descubrimientos sorprendentes y a algunos momentos «eureka» interesantes. Es frecuente que las personas consulten su carta progresada y descubran que describe perfectamente cómo han cambiado a lo largo de los años. Estos cambios a menudo no son grandes ni dramáticos, pero reflejan cómo ha progresado su vida, especialmente en lo que se refiere a las cosas internas.

Las progresiones astrológicas se dividen generalmente en progresiones secundarias y dirección del arco solar. Este capítulo explicará estos dos tipos de progresión y sus fundamentos. En ambos casos, el astrólogo que observa una carta de progresión leerá los cambios relativos a las casas astrológicas y los signos zodiacales en comparación con la carta natal y los aspectos que los planetas de la carta progresada han formado con los planetas de la carta natal.

Progresión secundaria

Las progresiones astrológicas secundarias también se denominan progresiones «de un día para un año». Algunos astrólogos también las llaman progresiones mayores o direcciones secundarias. Como sugiere su nombre alternativo, las progresiones secundarias giran en torno a adelantar un día la carta natal por cada año de vida. Se trata de un ajuste de la carta natal en un día por cada uno de los años que interesa analizar. Por ejemplo, si tiene 40 años y quiere ver la progresión secundaria de su carta natal en esos 40 años, añadirá 40 días a su cumpleaños y luego hará una carta natal para esa fecha ajustada. Utilizando la misma fórmula, puede ver la progresión de cualquier otro momento de su vida para ver cómo han cambiado las circunstancias de su carta cuando tenía 20 o 30 años, por ejemplo.

Siguiendo la misma lógica, puede echar un vistazo a su futuro yo y ver cómo le tratarán las colocaciones planetarias en cualquier punto por venir, suponiendo que viva para ver ese día. El simbolismo de los primeros días consecutivos a su nacimiento son el momento más formativo y decisivo en el que el universo está trabajando duro para dar forma a su yo emergente. En todo el campo de la astrología, la mayoría de los astrólogos coinciden en que las progresiones secundarias son el tipo de progresión más importante que se analiza en astrología.

Cuando los astrólogos analizan las progresiones para hacer predicciones sobre el futuro, utilizan una combinación de progresiones y tránsitos de los planetas progresados para obtener las lecturas más precisas en relación con acontecimientos específicos e importantes. En términos de influencia, la diferencia fundamental entre los tránsitos y las progresiones es que los tránsitos son influencias nuevas, de energía externa, que el universo lanza. Por el contrario, las progresiones son algo ya innato y fundamental en su horóscopo y cartas. Las progresiones se asocian a cambios que ocurren en nuestro interior; sólo después de que esto suceda, estos cambios se manifiestan en el mundo exterior. Las progresiones ilustran cambios importantes y graduales que se producen bajo la superficie durante toda la vida, cambios que inevitablemente se traducen en cambios en el mundo real.

Los tránsitos suelen considerarse el método principal de la astrología predictiva, y las progresiones secundarias los complementan. Otra cosa que hay que recordar es que la fórmula día-por-año también se traduce como una diferencia en la velocidad de movimiento entre los planetas en tránsito y los planetas progresados. Por cada día que un planeta tarda en transitar por los signos, el mismo planeta, pero progresado tardará un año.

Como puede ver, las progresiones secundarias se reducen a una comparación entre su carta natal y su carta progresada. La lectura de esta comparación gira en torno a la búsqueda de algunas cosas concretas. Si descubre que un planeta progresado ha cambiado de signo o de casa astrológica, será un cambio importante a tener en cuenta. También está la cuestión de los movimientos retrógrados, que exploraremos con más detalle próximamente.

Interpretación, dirección del arco solar y aspectos

En muchos sentidos, la esencia de las progresiones es comprender mejor el desarrollo de una persona a lo largo del tiempo, en particular el desarrollo psicológico, según la influencia de la astrología. Es importante recordar que la carta natal dicta ciertas cosas que no cambiarán con la progresión. Por ejemplo, los aspectos difíciles y tensos entre dos planetas de la carta natal pueden seguir ejerciendo influencia, aunque la versión progresada de uno de los planetas forme un aspecto nuevo y positivo con la versión natal del otro planeta. Lo mismo ocurre con los planetas progresados que forman nuevos aspectos donde antes no había ninguno en la carta natal.

Lo que todo esto significa es que el patrón de su carta natal original es algo que permanece con usted. Es la base de su personalidad y de su relación con las fuerzas astrológicas de este universo, y todas las influencias que lleguen más adelante -incluidas las progresiones- tendrán que adaptarse de alguna manera. Los tránsitos y progresiones a los que se exponga cumplirán algún tipo de función facilitadora, como por ejemplo ayudar a desbloquear parte del potencial que se encuentra en el patrón de su carta natal o en su «ADN zodiacal», como a veces se le llama.

También hay que decir que la mayoría de los astrólogos dan importancia a las progresiones sólo en lo que respecta a los planetas internos. Como ha aprendido antes, los planetas exteriores se mueven muy lentamente, por lo que su movimiento en una carta progresada será casi insignificante. Sin embargo, los astrólogos suelen tener en cuenta los aspectos que se forman con esos planetas exteriores. Cuando están progresados, los planetas internos tienen algunas características que hacen que sus progresiones sean únicas. Los aspectos que estos planetas progresados forman con los planetas de su carta natal son uno de los principales puntos de interés para los astrólogos.

El Sol progresado, por ejemplo, puede ser muy importante de analizar. Si descubre que el Sol ha cambiado de signo zodiacal, esta progresión puede decir mucho sobre cómo ha envejecido. Por supuesto, lo que debe tener en cuenta son los rasgos y características de los signos en cuestión. Supongamos que su Sol natal se encontraba en uno de los signos más introvertidos, como Escorpio, pero que en su carta de progresión cambió a Sagitario, más extrovertido. En ese caso, esta progresión puede dar algunas respuestas sobre cómo ha pasado de ser tímido a ser más extrovertido. El mismo principio se aplica a cualquier cambio potencial en la casa de su Sol. Recuerde que las nuevas posiciones y aspectos son sólo una evolución sutil y que su Sol natal no ha cambiado. La esencia central de lo que usted es como persona sigue ahí, pero su carta progresada mostrará cómo ha evolucionado y crecido a partir de esa base.

Por otro lado, la progresión de la Luna facilita una evolución en lo que respecta a las emociones, el comportamiento y algunas otras cosas que, en su mayoría, tienen que ver con la maduración. Su luna progresada será especialmente importante cuando forme una conjunción con su sol natal o progresado, lo que se conoce como luna nueva progresada. Este acontecimiento suele anunciar el comienzo de un nuevo ciclo emocional en su vida. En cuanto a las progresiones secundarias, la Luna es uno de los planetas más importantes por su rapidez de movimiento.

Mercurio anuncia cambios y adaptaciones muy necesarios en su vida entre los tres planetas internos restantes. Predice periodos de creciente destreza intelectual y pensamiento y una propensión a la literatura. Los viajes también están asociados a la progresión de Mercurio. Por otro lado, Venus pertenece a sus dominios habituales que implican emociones, creatividad y belleza. Cuando está en progresión, Venus se asocia a hitos emocionales importantes como el matrimonio y los nuevos comienzos románticos. Por otro lado, también puede significar el final de una relación en curso. También es posible que se produzcan importantes esfuerzos creativos, ganancias monetarias y partos. Marte progresado también ejerce una influencia acorde con los temas habituales del planeta, iniciando un periodo en el que estará lleno de energía para aumentar la actividad, la iniciativa, el espíritu empresarial o el conflicto. Es un momento en el que la moderación y el control de los impulsos serán muy importantes, ya que será más propenso a los accidentes, las peleas y la pérdida de control.

Además de los planetas, algunos astrólogos también se fijan en la progresión de algo llamado ángulos, en particular el signo ascendente (ángulo este) y el medio cielo (ángulo norte). Éstos sólo se utilizan cuando se trabaja con la información más precisa sobre su nacimiento, especialmente la hora exacta. Los aspectos formados por el ascendente y el medio cielo afectarán a las ambiciones, la salud, los intereses personales o todo lo relacionado con la vida profesional y las carreras.

Como ya se ha mencionado, muchos astrólogos utilizan otro tipo de progresión: la dirección o progresión del arco solar. Este tipo de progresión también se conoce como progresión «grado por año». Con este método, los astrólogos adelantan la carta natal completa un grado por cada año. La fórmula funciona de forma similar a las progresiones secundarias, sólo que con grados en la rueda de la carta. Se trata de adelantar los planetas de la carta natal para ajustarlos a la edad que le interese. El método se denomina dirección del arco solar porque la velocidad del sol es de aproximadamente un grado diario. Otros planetas se mueven a diferentes velocidades, pero todos se mueven de la misma manera que el sol cuando se crea una carta de progresión de arco solar. La dirección del arco solar no se utiliza con tanta frecuencia como las progresiones secundarias, y cuando se utiliza, suele servir como carta complementaria y secundaria.

Algunos astrólogos utilizan otros métodos de progresión, como las progresiones menor, terciaria, conversa, simbólica y ascendente. La principal diferencia entre todos estos métodos es la fórmula con la que se calcula y crea la carta progresada, pero las interpretaciones finales de dichas progresiones seguirán los mismos principios que los métodos que acabamos de tratar.

El concepto del movimiento retrógrado

Aparte de las progresiones, otro concepto relacionado que resulta muy útil en astrología práctica es el llamado movimiento retrógrado de los planetas. El movimiento retrógrado de un planeta ocurre cuando se produce la aparición de un movimiento hacia atrás por parte del planeta, observado desde nuestro propio punto de vista. Esto ocurre cuando la Tierra pasa junto a un planeta exterior que se mueve más lentamente o cuando uno de los planetas internos se mueve más rápido que la Tierra y pasa junto a nosotros. Los movimientos retrógrados son bastante frecuentes en los planetas exteriores, ya que se encuentran en este estado más del 40% del tiempo.

Los movimientos retrógrados se consideran generalmente desfavorables en astrología porque son un movimiento en dirección opuesta a lo que la astrología considera natural. Esto produce diversos efectos en cómo actúan estos planetas y qué tipo de energía irradiarán, modificando a menudo sus rasgos e influencias inherentes. Como mínimo, los planetas retrógrados tienden a debilitarse, especialmente en lo que respecta a sus influencias favorables, que se ven disminuidas. El movimiento retrógrado se analiza de forma diferente en relación con las progresiones secundarias y la dirección del arco solar. Según las progresiones secundarias, un planeta que avanza un día en realidad retrocede en la carta y se dirige en sentido contrario a las agujas del reloj.

Estrés, dificultades y tensiones son algunos de los resultados que la mayoría de los astrólogos asocian hoy en día a los movimientos retrógrados. Como siempre, la forma en que se manifestarán estos efectos dependerá de los planetas retrógrados, teniendo en cuenta sus respectivos rasgos. Si se trata de Marte, por ejemplo, en algunas personas pueden surgir problemas de agresividad o letargo, del mismo modo que Mercurio retrógrado puede provocar falta de comunicación e incapacidad para expresarse.

Sin embargo, hay astrólogos que interpretan algunos retrógrados de forma diferente. A saber, algunos creen que el hecho de que un planeta cambie su movimiento directo a retrógrado no tiene un efecto predeterminado en uno u otro sentido. En cambio, estos astrólogos piensan que el cambio de dirección del planeta simplemente afecta a la forma en que una persona se ocupa del área de su vida afectada por el planeta en cuestión. Esto puede ir en ambos sentidos, por supuesto, y el resultado dependerá de muchos factores específicos de cada persona. Como tal, estos astrólogos ven los retrógrados y sus resultados como algo muy dinámico y cambiante. En el lado positivo de la ecuación, algunos astrólogos sostienen que los retrógrados pueden conducir a una liberación repentina de la energía planetaria en lugar de la represión.

Por otro lado, una minoría de astrólogos no atribuye tanta importancia a los retrógrados, especialmente en cuanto a los planetas exteriores. Esto se debe principalmente a que estos planetas son retrógrados el 40% del tiempo. No obstante, se trata de una opinión minoritaria y, por lo general, los retrógrados son un factor astrológico que la mayoría de los astrólogos tienen en cuenta a la hora de leer cartas y horóscopos. Por lo tanto, es una buena idea leer más sobre los retrógrados, ya que son un tema algo complejo con muchos ángulos diferentes a tener en cuenta. Incluso entre los astrólogos sigue habiendo algunas preguntas sin respuesta y desacuerdos sobre los retrógrados. Sin embargo, el consenso general estipula que los retrógrados son, como mínimo, un momento para ser precavido y más cauteloso con las influencias planetarias. Por lo menos, es la forma de mantenerse en el lado seguro.

Guía paso a paso para leer una carta progresada

Una carta progresada es una herramienta astrológica que puede utilizarse para comprender mejor su situación actual y su posible trayectoria futura. Mientras que una carta natal representa dónde estaban los planetas en el momento de su nacimiento, una carta progresada simboliza las posiciones planetarias actuales basadas en su edad. Hay varias formas de calcular una carta progresada, pero el método más utilizado es progresar cada planeta un grado por cada año después del nacimiento. Aquí tiene una guía paso a paso para leer una carta progresada:

1. Determine las posiciones planetarias

El primer paso consiste en identificar el planeta que se encuentra actualmente en la posición más importante de su carta. Este planeta se denomina «señor de la carta». El señor de la carta estará situado en una de las doce casas de su carta natal. Cada casa representa un área diferente de la vida, por lo que el señor de la carta puede proporcionar pistas sobre qué áreas de su vida se ven más afectadas por las influencias planetarias actuales.

Una vez determinado el señor de la carta, puede empezar a observar los demás planetas de su carta progresada. Cada planeta estará situado en una casa diferente, y cada casa representará un área diferente de la vida. Interpretando la posición de cada planeta, podrá comprender mejor la evolución potencial de cada área de su vida.

2. Considere los aspectos

Al igual que en una carta natal, los aspectos de una carta progresada pueden decir mucho sobre la energía y la dinámica en juego en la vida de una persona. La carta progresada es una instantánea de dónde se encuentra una persona en un momento concreto de su vida, por lo que los aspectos cambiarán con el tiempo. Por ejemplo, si una persona tiene muchos aspectos duros en su carta natal, es posible que experimente algunas dificultades al principio de su vida, pero a medida que envejece y estos aspectos empiezan a suavizarse, es posible que las cosas le resulten más fáciles.

Lo mismo ocurre con las personas con aspectos fáciles en su carta natal. Es posible que lo tenga más fácil al principio de su vida, pero a medida que los aspectos empiecen a endurecerse, es posible que las cosas le resulten más difíciles. Hay muchas maneras de interpretar los aspectos de una carta progresada, por lo que es importante investigar un poco y encontrar el enfoque que mejor se adapte a usted. Con el tiempo y la práctica, será capaz de leer las progresiones como un profesional.

Cada planeta reaccionará de forma diferente a un cambio de dirección, dependiendo de sus circunstancias y rasgos inherentes. Un caso especialmente influyente, aunque poco frecuente, es cuando un planeta en tránsito cambia de dirección poco después o justo cuando pasa por un punto importante de su carta natal. Por ejemplo, un planeta en tránsito puede pasar sobre uno de sus planetas o casas natales en movimiento regular y directo, sólo para entrar en retrógrado y regresar por el mismo punto inmediatamente. A veces, un planeta puede volver a cambiar de dirección y cruzar el punto natal por tercera vez. Esta influencia volátil puede provocar un periodo de cambio y evolución constantes en su vida, para bien o para mal.

Bonus: ¡La práctica astrológica hace al maestro!

Comprender la teoría es una cosa, y sólo la mitad del camino, ya que lo siguiente es aplicar lo aprendido en la práctica. Esto es cierto en astrología, como en cualquier otra cosa en la vida. Practicar la astrología es importante porque ayudará a comprender algunos de los puntos más delicados y a formar una idea de las áreas más importantes en las que debe centrarse. Con el tiempo, adquirirá destreza y se convertirá en un verdadero astrólogo aficionado.

Leer su carta natal es una parte importante de la práctica de la astrología en su vida diaria, pero hay otras medidas prácticas que también puede tomar. Ahora que hemos cubierto todos los fundamentos, terminaremos con algunos consejos prácticos e ideas para empezar a practicar lo que ha aprendido hoy mismo.

Ejercicios de astrología práctica

La astrología tiene que ver con el autocuidado, con conocerse a uno mismo y, en general, con mejorar la vida. Estas cosas deberían ser siempre el centro de atención cuando se practica la astrología a diario. Sin embargo, el primer paso práctico es simplemente mejorar. Estudie y repita las cosas que ha aprendido en este libro y utilícelas como base para seguir aprendiendo. Lo más importante es que practique cuanto antes, ya que siempre es la mejor manera de afianzar sus conocimientos teóricos. Si quiere aprender más, practicar y aprender nuevos trucos, una de las mejores cosas que puede hacer es tomar clases o cursos de astrología, ya sea en línea o en la vida real.

Leer su carta natal y su carta progresada es uno de los ejercicios más comunes que puede hacer en astrología. Sin embargo, no hay mucho que leer en la carta natal fija, así que son las cartas progresadas y el seguimiento de los tránsitos planetarios los que permitirán dedicar mucho más tiempo a la astrología. Familiarícese a fondo con los entresijos de cada planeta con más profundidad de la que hemos explorado en este libro, ya que esto permitirá convertirlo en un pasatiempo diario. Siempre hay cosas que analizar sobre los planetas, cómo se mueven y hacia dónde se dirigen, con todas las implicaciones que estas cosas tienen para usted. Y además, puede y debe hacer lo mismo con otras personas.

Otro gran ejercicio a largo plazo que puede retomar con regularidad es llevar un diario astrológico. Un diario puede ser especialmente útil si intenta seguir los tránsitos diarios de su planeta. Puede ser un pasatiempo divertido que le ayudará a mejorar en astrología práctica, pero también será una buena oportunidad para llevar un registro de cómo se siente y de lo que piensa, que más adelante podrá analizar desde una perspectiva astrológica.

La astrología práctica también puede combinarse con otras prácticas, como el tarot. El tarot es otra disciplina con la que quizá no esté familiarizado, pero baste decir que existen solapamientos con la astrología. Sacar una carta del tarot diario es una oportunidad para involucrarla, ya que su carta tendrá una cierta correlación astrológica. Si practica el tarot, entonces es una buena idea buscar estas correlaciones y ver cómo estas dos aficiones podrían complementarse en su caso.

El cuidado personal en general es otro ámbito en el que la astrología tiene cabida. Si tiene un intrincado conjunto de rituales de autocuidado diarios o semanales, puede interesarle saber que las características y energías de su signo zodiacal pueden hacer que algunos rituales de autocuidado sean más importantes que otros. Merece la pena investigarlo porque puede ayudar a sacar el máximo partido a su tiempo de relajación y autocuidado. Los distintos signos se benefician de rituales diferentes y tienen preferencias distintas. Tomemos como ejemplo el contraste entre Tauro y Aries. Tauro suele ser un signo de serenidad y calma, por lo que a los toros les vienen bien los momentos tranquilos en los que se bebe té, se ponen velas aromáticas y otros placeres nocturnos similares. Por otro lado, Aries es un signo que siempre está a la caza de nuevas emociones, por lo que su idea del cuidado personal suele ser muy diferente.

Otro ejercicio que puede ayudar a aprender más cosas a la vez que se divierte es hacer cuestionarios astrológicos. Internet está lleno de cuestionarios gratuitos que, a partir de sus respuestas a una serie de preguntas, aplican algunos principios astrológicos y obtienen resultados sobre diversos temas. Algunos hacen conjeturas sobre su futuro próximo, mientras que otros intentan orientarle en sus relaciones, trabajo y otras áreas de interés. También hay cuestionarios astrológicos que sólo sirven para divertirse. En general, los cuestionarios no darán las lecturas más precisas, ya que suelen ser bastante generalistas, pero pueden ser una forma divertida de participar en la astrología.

En gran medida, la astrología será lo que usted haga de ella. Todo lo que ha aprendido en este libro se puede aplicar en diversos ámbitos de la vida y en la medida que elija. Tiene total discreción sobre cuánto quiere comprometerse y con qué profundidad quiere profundizar. Como puede ver, la astrología práctica se reduce sobre todo a leer y analizar cosas o a hacer ajustes en su vida y en su rutina basándose en la astrología.

Consejos y trucos adicionales

Uno de los consejos más fundamentales que puede darle la astrología práctica contemporánea es que utilice recursos en línea. Hay muchos recursos astrológicos gratuitos en línea que pueden ayudar no sólo a hacer una carta natal, sino también a leerla. Este libro ha dado los fundamentos para hacer una lectura básica de la carta natal, pero siempre se puede profundizar más.

Varios sitios web tienen diferentes herramientas que puede utilizar para obtener horóscopos más personalizados y adaptados que ayudarán a obtener una visión más profunda de su personalidad y prácticamente todas las áreas de su vida. Algunas personas recurren a la astrología porque están interesadas en áreas específicas de su vida, como las relaciones, la salud o los negocios. Muchos recursos en línea se centran exclusivamente en estos aspectos y permiten obtener muchos más detalles de los que obtendría a través de un horóscopo más general u otra lectura astrológica.

Si se está iniciando en la astrología, otra cosa que puede buscar es un diccionario astrológico, algunos de los cuales están disponibles en línea.

Aparte de las interpretaciones y la materia teórica que obtiene de recursos como este libro, es bueno familiarizarse pronto con toda la terminología y jerga de la que está repleta la astrología. Cuando domine todos los términos, resultará mucho más fácil profundizar en los conceptos más complejos y aprender más.

También es siempre una buena idea relacionarse con otras personas con intereses similares, sobre todo si le gusta socializar. Son innumerables las personas interesadas en la astrología en Internet y en la vida real, y les encanta compartir sus conocimientos, interpretaciones, experiencias e ideas. Tanto los principiantes como los astrólogos experimentados pueden beneficiarse de ello, y es algo que puede hacer fácilmente gracias a los foros en línea y otros lugares similares de reunión digital.

Debería estudiar la posibilidad de conseguir una efeméride, que se puede comprar o adquirir en Internet. Básicamente, se trata de una lista o un libro con todos los movimientos planetarios relevantes que se producen cada día, lo que es una forma estupenda de determinar qué tránsitos planetarios se producirán y cuándo. Una efeméride también puede ayudarle a predecir los retornos planetarios para planificar con antelación estos importantes acontecimientos astrológicos. Una efeméride anual debería proporcionar esta información para los 365 días, lo que es suficiente para permitirle planificar con antelación y prepararse para tránsitos importantes.

Si compra una efeméride como la *American Ephemeris* impresa, obtendrá mucho más en términos de diseño, información adicional y utilidad general. Sin embargo, cualquier efeméride online gratuita para el análisis básico de tránsitos servirá incluso para un astrólogo experimentado, por no hablar de un novato. Recuerde que leer las efemérides de forma significativa dependerá de su comprensión de los planetas, de la velocidad a la que se mueven, de los signos que atraviesan, de las características de esos signos, etcétera. Sin duda es un asunto complicado, así que puede ver por qué la astrología requiere mucha práctica para dominarla.

Sin efemérides, puede echar un vistazo a los tránsitos planetarios haciendo una carta natal para una fecha futura. Es una especie de trampa que puede utilizar para echar un vistazo al futuro, ya que podrá comparar las posiciones planetarias y determinar cómo y hacia dónde se mueven en el momento actual.

Por último, pero no por ello menos importante, recuerde utilizar la astrología en todo su potencial. Para sacarle el máximo partido, aplíquela a sus amigos, familiares y otras personas que le importen, no sólo a usted mismo. Si hay alguien en su vida con quien está intentando conectar mejor o mejorar la relación, siempre es bueno conseguir su carta astral y leerla. A muchas personas no se les da bien expresarse y, aunque las conozca desde hace años, muchas cosas pueden pasar desapercibidas. Su carta astral permitirá echar un vistazo a su alma inexpresada, y es probable que llegue a comprender mucho mejor a sus seres queridos.

Conclusión

Siempre que recuerde que la astrología no es una ciencia exacta y que no curará enfermedades ni resolverá todos sus problemas mientras usted se sienta y se relaja, puede ser una muy buena amiga. No se trata sólo de los consejos y la orientación que puede proporcionar la astrología. Involucrarse en la astrología práctica a menudo lo pondrá en el camino de darse cuenta de cosas nuevas sobre usted mismo y sobre los demás, lo que con frecuencia es el empujón perfecto para ayudar a obtener las respuestas que necesita. Estas respuestas pueden ayudarle a reparar o profundizar relaciones, tomar ciertas decisiones, aprender cosas importantes sobre usted mismo y mucho más.

Como ha visto en este libro, la astrología tiene muchas capas, y realmente depende de usted decidir hasta qué punto quiere profundizar en la práctica. Esto depende de lo que quiera conseguir con la astrología práctica, pero en general, incluso un enfoque muy informal puede ayudar a aprender bastantes cosas interesantes por el camino. Lo importante es que la astrología debe servir sobre todo para orientar y comprender. Si en el curso de sus lecturas astrológicas descubre cosas que no le gustan sobre usted mismo y sus perspectivas, debe recordar que el curso de su vida dependerá en última instancia de usted.

Uno de los puntos fuertes de la astrología es ayudar a dar cuenta de los cambios que debe hacer en su vida. La superación personal es uno de los temas principales para muchas personas que se adentran en la astrología, y ése es sin duda un papel que la astrología práctica desempeña muy bien. No cambiará su vida por sí sola, pero sin duda puede poner en marcha la bola de nieve de los cambios positivos y, con suerte, este libro habrá sido un recurso valioso para cuando llegue a ese punto.

Segunda Parte: Magia Planetaria

La guía definitiva de hechizos, rituales y magia de los planetas

Introducción

¿Qué significan los planetas para usted? ¿Forman parte de su vida cotidiana o simplemente los da por sentado? Esas bolas giratorias de energía y masa forman parte de su universo e influyen en su vida, aunque no se dé cuenta. Es como ignorar el aire y el agua y el papel que desempeñan en su rutina diaria. Imagine un mundo sin Sol ni Luna. Impensable, ¿verdad? Los demás planetas del sistema solar son igual de relevantes e influyen en su vida diaria.

Aprender cómo y por qué le ayudará a sintonizar con las energías celestes para concentrar su atención en sus fuerzas y poderes individuales. Saber dónde estaban alineados los planetas cuando nació le dará una visión única de su personalidad. Los planetas conocen sus secretos más profundos y le ayudarán a convertirse en un ser humano lleno, espiritual y físicamente. Los rituales y hechizos dirigidos a los planetas y sus energías le harán sentir conectado y parte de la familia astral. Aproveche sus energías y conózcalas.

Los horóscopos y la astrología han existido desde que el hombre primitivo miró al cielo en busca de inspiración. Los humanos siempre han estado fascinados por los cielos, y nada ha cambiado. Involúcrese más con la magia astral y haga que su vida se alinee con estas magníficas energías.

Capítulo 1: Fundamentos de la Magia Planetaria

Su nombre en inglés es *Planetary Magick*. No piense que «magick» es un error tipográfico. *Magick* es un término para diferenciar ciertas prácticas dentro del amplio espectro de trabajos mágicos. *Magic* se ha utilizado durante siglos para describir cualquier cosa que ocurre debido a la manipulación del mundo físico con acciones metafísicas para crear un resultado.

El término *magick* fue utilizado por primera vez por Aleister Crowley, un ocultista moderno que se convirtió en el rostro del resurgimiento de creencias ancestrales, junto con Gardner y Hubbard, los fundadores de la Wicca y la Cienciología modernas. Afirmaba que el término «magick» se utilizaba para dar seriedad a sus creencias y, diferenciar las prácticas más serias de la magia escénica. Los informes históricos sobre antiguos poderes mágicos utilizaban el término «magia»; ¡nadie pensaba que se referían a cortar a una dama por la mitad o a sacar un conejo de una chistera!

Crowley ofreció varias explicaciones de por qué utilizaba el término alternativo, *magick*. Entre ellas, una definición más amplia, que significaba que debía utilizarse para cualquier acción que ayudara a cumplir cualquier sueño, manifestación o deseo que acercara al usuario a su verdadera voluntad. También explicó que convertir la palabra en un término de seis letras invocaba las propiedades mágicas del hexagrama, que desempeñaba un papel importante en sus escritos y hechizos. Añadir la letra K a la palabra también añadía el elemento del número once, ya que es la undécima letra del alfabeto. Crowley creía que el 11 era uno de los números más significativos en los trabajos mágicos.

Si estudia textos y documentos antiguos, encontrará varias grafías de «magia», incluyendo «majick», «majik» y «magik». Sin embargo, más que un término alternativo, tienen la influencia de la jerga de la época. Crowley fue la primera persona en oficializar el término.

Magia de los Grimorios

La magia planetaria se remonta varias generaciones atrás y se menciona en algunos de los textos más significativos de los grimorios. Un grimorio es un término utilizado para describir un antiguo libro de hechizos y magia. El nombre procede del término francés «libro de gramática», y se utilizaban para registrar hechizos mágicos, conjuros, invocaciones y otras obras mágicas. Algunos de los libros más ocultistas se centraban en los trabajos de Satán y sus demonios y animaban al lector a conectar con las fuerzas oscuras y formar una alianza que les ayudara a tener éxito en sus vidas.

La mayoría de los grimorios destacaban la conexión entre los planetas y la vida humana. Registraban cómo la posición de los planetas se alineaba con nuestras vidas e influía en cómo vivíamos y prosperábamos. Algunos de los grimorios más informativos se siguen utilizando hoy en día para proporcionar datos y prácticas que son eficaces en la vida moderna.

Grimorios famosos

El Picatrix

Se cree que este grimorio fue escrito en el siglo XI y recibió el nombre de su autor, el sabio filósofo Picatrix. Escrito originalmente en árabe, fue traducido al castellano por el rey de Castilla a mediados del siglo XIII. Le siguió una versión latina, que fue la más estudiada hasta principios del siglo XX, cuando un célebre genealogista alemán llamado Wilhelm Pritz redescubrió la versión árabe.

El Picatrix es un detallado manual de instrucciones para construir talismanes, combinando ingredientes para formar compuestos mágicos. Más importante aún para este libro, son las lecciones sobre los espíritus planetarios y el uso del posicionamiento astrológico para determinar cuándo son adecuadas las condiciones en la Tierra, y respecto a la humanidad.

El volumen se divide en cuatro libros que abarcan las siguientes áreas de la magia:

- El libro uno trata de los cielos y sus efectos sobre los seres que residen bajo ellos.
- El libro segundo trata de las figuras sagradas de los cielos, los movimientos de los planetas y las esferas celestes, y el efecto que tienen sobre los seres terrestres.
- El libro tercero trata de las propiedades y los signos que nos muestran, los colores y formas que contienen y cómo afectan a la Tierra.
- El libro cuarto trata de los espíritus relacionados con los cielos y de cómo pueden incorporarse al arte o invocarse mediante propiedades mágicas utilizando imágenes, humo y otros métodos.

La Llave de Salomón

Se trata de un grimorio posterior que, se cree, fue escrito en los siglos XIII o XIV. Aunque el título podría sugerir una conexión con la figura bíblica del rey Salomón o el hijo de David, es más probable que fuera escrito por una colaboración de autores bien instruidos en magia y hechizos. Contiene varios conjuros en los que se utiliza el nombre de Jesucristo, que habría sido desconocido para las figuras bíblicas y, como tal, disipa cualquier conexión con el rey Salomón.

Se considera uno de los grimorios más convincentes e inclusivos que existen y contiene dos libros repletos de operaciones mágicas. Es un ejemplo típico de las creencias mágicas del Renacimiento e incluye nigromancia y geomancia. Da ejemplos del uso del aire, el fuego y el agua para invocar espíritus y demonios que cumplan sus órdenes. Los libros también tratan de la ropa mágica y los utensilios utilizados para invocar a los cielos y al otro mundo en los planos terrenales. La *Llave de Salomón* se encuentra en varios idiomas, y las traducciones suelen contener diferencias de interpretación.

El Libro Jurado de Honorio

Escrito en el siglo XIV, este grimorio era uno de los más secretos de los textos antiguos. Cada persona elegida para recibir un ejemplar juraba guardar el secreto y se comprometía a llevárselo a la tumba. Se cree que su autor fue Honorio, hijo de Euclides, y que fue inspirado por ángeles.

El famoso mago inglés John Dee poseía un ejemplar que actualmente se encuentra en el Museo Británico. El libro contiene algunos de los conjuros y hechizos más antiguos para influir sobre los seres angelicales y demoníacos para que trabajen con los humanos.

Cómo sacar el máximo partido a los grimorios

En lugar de leer todos los grimorios individuales y adquirir los conocimientos esotéricos de los eruditos europeos, pruebe leer el libro «*Secrets of the Magickal Grimoires*» de Aaron Leitch, donde proporciona un completo manual de referencia de términos medievales. Describe todos los diferentes métodos y comparaciones de todo el continente europeo y los métodos chamánicos utilizados para conectar con los espíritus.

Los planetas y el sistema solar han influido en la sociedad desde el principio de los tiempos. Antes de que se diera los nombres clásicos a los planetas, las culturas antiguas utilizaban el sol, la luna y los planetas visibles para adorarlos y alabarlos. Los cinco primeros planetas del sistema solar son difíciles de datar, lo que significa que fueron descubiertos y nombrados antes de que comenzaran los registros oficiales.

Como se dice arriba, se dice abajo

Los lemas y las frases forman parte del lenguaje moderno y se utilizan para resumir un concepto en pocas palabras. Algunos de estos lemas y frases se utilizan a diario y tienen un nivel de comprensión internacional. Significan lo mismo dondequiera que se oigan y forman parte de nuestra habla cotidiana. Tienen su origen en personajes de la vida real o pueden formar parte del folclor y la ficción. Por ejemplo, Bob Bitchin es un nombre que probablemente le diga muy poco, pero fue citado al decir: «La actitud es la diferencia entre un calvario y una aventura». Fue encarcelado injustamente y salió de su «calvario» como un hombre cambiado. *«La gente que vive en casas de cristal no debería tirar piedras»* es otro dicho que se reconoce al instante, pero procede de un poema épico, «Troilo y Crésida».

«Como es arriba es abajo» es otra frase más esotérica impregnada de historia. Se Utiliza cuando la dualidad es el componente clave de una relación. Por ejemplo, cuando el microcosmos, es decir, su existencia, se mide con el macrocosmos, la sociedad en la que vive, se utiliza para resaltar la codependencia y las conexiones que todos necesitamos para sobrevivir. Otra frase para esa situación es «Ningún hombre es una isla».

Cuando se aplica a la magia planetaria, la expresión se remonta a sus raíces; se encontraron textos herméticos tallados en la *Tabla de Esmeralda*. La religión hermética se centraba en un profeta llamado Hermes, un sabio erudito que profetizó el surgimiento del cristianismo. Se creía que los textos vinculados a la religión eran una forma dual de culto que incorporaba las enseñanzas de Hermes, el dios de la comunicación, y Thoth, el dios egipcio de la sabiduría.

La *Tabla de Esmeralda* formaba parte de estos textos y allí podemos localizar el primer registro de la frase «Como es arriba, es abajo», que está relacionada con la alquimia. Se refiere a la conexión simbiótica entre la naturaleza y el trabajo del alquimista. Los astrólogos creen que el dicho tiene múltiples significados y consideran que la expresión significa que lo que ocurre en el Cosmos refleja lo que le ocurre a la raza humana. El macrocosmos pasa a ser los cielos y los planetas, y el microcosmos es el cuerpo humano. Algunos expertos llevan esta explicación más allá y creen que la conexión es entre la existencia física y la espiritual.

Independientemente de lo que se interprete de la frase, se basa en el concepto de que la magia y el plano astral están profundamente conectados. Lo que haga en el mundo físico se reflejará en su psique espiritual. Cualquier fuerza planetaria que abrace le ayudará a formar una conexión para mejorar su vida.

Un ritual para celebrar el Universo

Las energías individuales de los planetas son impresionantes cuando se consideran individualmente, pero como fuerza cósmica, son imbatibles. A veces necesitamos reconocer la enormidad de lo que representan cuando se combinan. El universo ha estado evolucionando durante miles de millones de años y debería anunciarse como parte del trabajo cósmico.

Alcanzar la unidad cósmica es un proceso energizante que le ayudará a sentirse parte de la conciencia superior y uno con el universo. Los rituales son más poderosos cuando se realizan en luna nueva o llena. Para obtener el máximo efecto, realícelos durante un eclipse.

Qué necesita
- Dos velas negras
- Dos velas blancas

- Turmalina negra
- Cuarzo transparente
- Bolígrafo y papel
- Incienso
- Quemador de aceite y su aceite esencial favorito

Instrucciones:

1. Despeje su altar de cualquier otra decoración o adorno.
2. Cúbrala con un paño blanco y coloque las dos velas negras en el punto norte del altar.
3. Coloque la turmalina negra entre las velas. Repita el proceso en el sur de su altar con las velas blancas y el cuarzo transparente.
4. Queme el incienso y encienda el quemador de aceite para alejar las energías negativas
5. Encienda las dos velas negras y escriba en el papel lo siguiente:

    «Desecho todas las partes negativas de mi ego.

    Entrego mi alma a los poderes del universo.

    Abandono todas mis necesidades materiales al universo.

    Confío en que el universo me ayudará a resolver mis preocupaciones e inquietudes.

    Dejo que el universo decida mi pasado, mi futuro y mi presente.

    Pido que el poder del amor y la iluminación llenen mi vida».

6. Dedique diez minutos a visualizar cómo la negatividad abandona su cuerpo.
7. Ahora imagine sus viejas emociones, miedos y preocupaciones flotando lejos de su cuerpo físico y de su mente.
8. Sienta como la luz del universo inunda su mente y su cuerpo y lo llena de energía.
9. Use el incienso para limpiar la negatividad de la zona con el humo. Coloque el papel debajo de las velas negras.
10. Ahora encienda las velas blancas y escriba en el papel

    «Celebro mi conexión con el universo y la luz.

    Estoy alineado con los seres superiores y sus energías divinas.

    Que las vibraciones del universo resuenen en mi alma.

Estoy preparado para recibir frecuencias y energía cósmicas.

Estoy listo para expandirme y hacerme uno con el universo.

Soy uno con los planetas, las estrellas, el universo y la luz vinculante».

11. Coloque el papel debajo de la vela blanca.
12. Siéntese frente al altar y contemple las llamas de las velas mientras reflexiona sobre el poder de los colores.
13. La vela negra representa que está dejando ir, y la llama está limpiando toda la negatividad y las emociones que le retienen. A medida que arde, su psique se prepara para dar la bienvenida a la nueva conciencia y a la luz de alta vibración del universo.
14. Quédese sentado todo el tiempo que quiera y observe las llamas, o cierre los ojos e imagine cómo será su vida después del ritual. Imagine los éxitos que alcanzará y la energía que fluye hacia su chakra corona mientras se limpia su chakra estrella de tierra.

Después de algún tiempo, sentirá el equilibrio de la culminación cuando las energías se hayan alineado, y estará listo para terminar el ritual.

15. Dé las gracias al universo y a las energías que contiene.

«Este ritual ya está completo; doy gracias por su ayuda».

16. Apague las velas y entierre los restos en el jardín o bajo su árbol favorito.

Utilice este ritual para cargar sus energías cuando lo necesite y alinearse con el universo.

¿Qué edad tienen los planetas?

Mercurio

El primer registro escrito del planeta Mercurio se encontró en tablillas de piedra que datan de un astrónomo asirio que vivía en la época babilónica (alrededor del año 1.000 a. C.), quien lo llamó «planeta saltarín». Los romanos llamaron entonces al planeta «Mercurio» en honor a su dios de los mensajes, debido a la velocidad a la que se desplazaba por el cielo.

Venus

También recogido en un texto babilónico, fue avistado oficialmente por el famoso astrólogo Galileo en el siglo XVII. Su trayectoria permitió descubrir que los planetas orbitan alrededor del Sol y no de la Tierra, como se creía.

Tierra

Por supuesto, este planeta es único porque vivimos aquí y somos plenamente conscientes de su existencia. La forma de la Tierra ha sido y sigue siendo objeto de acalorados debates, y la primera idea de la que se tiene constancia se remonta al año 6.000 antes de Cristo. Incluso hoy en día, la Sociedad de la Tierra Plana cuenta con miembros que defienden que el mundo no es una esfera y que, de hecho, es plano.

Marte

Los antiguos astrónomos egipcios registraron la existencia del planeta rojo en el año 2.000 a. C. Sin embargo, llamó la atención del público en el año 300 a. C., cuando Aristóteles reconoció que la Luna pasa por delante del planeta, lo que significa que está más lejos.

Júpiter

Los babilonios mencionaron el planeta errante hacia el 8.000 a. C., pero reapareció en las tradiciones chinas en el 4.000 a. C., cuando el cielo se dividió en doce regiones zodiacales diferentes.

Saturno

Este planeta es el último que no se puede datar, y los asirios hicieron el primer registro de su existencia. En el año 700 a. C. lo describieron como el «resplandor de la noche». Galileo creía que era un planeta tripartito, pero no reconoció los anillos de Saturno formados por roca y hielo. Esto ocurrió casi cuarenta años después del primer seguimiento oficial del planeta.

Urano

William Herschel fue el astrónomo más influyente del siglo XVIII y descubrió el planeta Urano en 1781. Se le suele llamar el Gigante Azul porque el metano tiñe de azul su atmósfera.

Neptuno

John Adams tenía sólo veinticuatro años cuando descubrió Neptuno, el planeta más lejano del Sistema Solar. Por desgracia, no registró el descubrimiento y otros astrónomos se adjudicaron su trabajo. Sin embargo, Adams es el «descubridor de Neptuno» oficial y es famoso por ser el primer individuo que encontró un planeta utilizando predicciones matemáticas en lugar de métodos más tradicionales.

Magia planetaria moderna

Cuando consideramos los planetas y el sistema solar, podemos fácilmente descartarlos como influencias potenciales y menoscabar su papel en nuestras vidas. Los conceptos planetarios que utilizamos a menudo se convierten en algo tan común que olvidamos su origen. El estudio de la magia planetaria le ayuda a reconocer lo importantes e influyentes que son y han sido siempre los planetas.

Ya hemos hablado de su influencia en los grimorios y en las prácticas mágicas que contienen. Sin embargo, hay múltiples ejemplos de influencia planetaria en la mayoría de las religiones y en la magia tradicional. Los rituales wiccanos suelen centrarse en los planetas, mientras que la Cábala y otros creyentes paganos adoptan alguna forma de magia y poder planetarios.

Los sistemas de creencias más tradicionales se centran en los objetos celestes móviles visibles a simple vista. Emplean un cosmos geocéntrico clásico con la Tierra como centro del universo y una serie de círculos concéntricos cartografiados donde se sitúan los planetas.

La magia planetaria moderna trabaja con la misma filosofía que nuestros antepasados. Los cuerpos celestes en el cielo son un espectáculo milagroso, incluso hoy en día cuando más seres humanos que nunca han visitado y explorado la superficie de estos planetas. La magia planetaria consiste en explorar la sinergia entre los planetas y la humanidad y seguir los patrones que nos muestran.

La magia planetaria se ocupa de vivir con estas maravillas celestes *como si vivieran a nuestro lado*. Se trata de utilizar rituales, invocaciones y talismanes para aprovechar la energía que poseen y formar una fuerte conexión a través de la magia para invitarles a compartir su energía como ayuda y alcanzar su realidad externa preferida. No los considere enormes trozos de roca o lugares solares gaseosos en el cielo. En su lugar, considérelos como estados individuales de conciencia o campos de energía vibracional a la espera de que trabaje con ellos para lograr sus objetivos finales.

La magia planetaria comienza con su relación básica con los planetas y le ayuda a entender cómo fortalecer los lazos con sus fuentes de energía preferidas. La mejor manera de comenzar su viaje es tener una carta natal detallada para entender en qué casa nació y dónde estaban los planetas en ese momento. Al conseguir su carta astral, también señala su intención de alinearse con el plano astral y comenzar una nueva relación. Al igual que en las relaciones normales, debe hacer saber a la otra parte o partes que está a bordo.

Cuando reciba su carta astral, ésta le proporcionará la información que necesita para saber hacia qué planetas se siente atraído. Puede que tenga un Saturno debilitado en su casa y, sin embargo, sienta que tiene una conexión con las energías del planeta anillado. Puede trabajar en su conexión y convertirlo de un planeta debilitado a uno de sus aliados más fuertes.

La otra forma de verlo es identificar qué planetas son naturalmente fuertes en su carta natal y mejorar la conexión que ya tiene. Como en la vida, la decisión es suya. No hay un mapa establecido para la magia planetaria, así que guíese por sus instintos y prepárese para todo lo que encuentre. Las energías y poderes que provienen de los planetas también tienen un robusto sentido de la diversión y lo emplearán para hacer de su viaje hacia la plenitud uno maravilloso, lleno de alineaciones con ellos.

A medida que desarrolle sus relaciones con los planetas, conectará más profundamente con usted mismo. Abrace el conocimiento gnóstico en su subconsciente y conviértase en uno con el mundo. Se convertirá en un ser más feliz, equilibrado y esotérico cuando se deje guiar por el plano astral.

Capítulo 2: Los planetas y usted

Ya hemos hablado de su relación con los planetas y de lo importante que es que su carta natal y astral le ayuden a decidir con qué planetas trabajar. Este capítulo trata de la interpretación de sus cartas y de cómo y cuándo consultarlas.

¿Qué son las cartas natales?

¿A veces le gustaría tener un manual de instrucciones para su vida? ¿Un plano que le ayude a navegar por la Tierra? He aquí una buena noticia. Ya lo tiene. Su carta astral es una imagen del sistema solar en el momento exacto de su nacimiento. Piense que el reloj cósmico se detuvo en el instante en que nació y se tomó una fotografía instantánea del cielo en ese momento. La imagen se toma desde un punto privilegiado: la Tierra.

Aunque su carta astral nunca cambia, sí lo hacen las influencias que la afectan. Evolucionan y cambian constantemente, y estas fuerzas le indican qué energías debe utilizar. En el pasado, las cartas natales se dibujaban a mano y se calculaban con fórmulas matemáticas tradicionales. Sin embargo, la evolución de los recursos en línea permite calcularlas teniendo en cuenta los husos horarios y las variaciones horarias.

Aunque existen distintos tipos de cartas, la mayoría se ciñen a la misma fórmula. Aun así, pueden tener un aspecto completamente diferente debido a sus estilos artísticos. Puede que prefiera un diseño sencillo o que elija un estilo elaborado que incorpore todos los colores, signos y símbolos del zodiaco junto con imágenes planetarias. La elección es suya, pero recuerde que la información que le proporciona es decisiva para cambiar su vida, y no tanto el aspecto elegante de su carta.

¿Qué aspecto tiene una carta natal?

Ejemplo de carta natal

Rursus, CC BY-SA 3.0 <https://creativecommons.org/licenses/by-sa/3.0>, vía Wikimedia Commons: https://commons.wikimedia.org/wiki/File:Birth_chart.svg

En primer lugar, se empieza con una rueda dividida en doce secciones para representar los signos del zodiaco. Cada sección ocupa 30 grados para completar los 360 grados del círculo. Ahora añada los símbolos en sentido contrario a las agujas del reloj en el siguiente orden:

- Aries rojo para un signo de fuego
- Tauro verde para un signo de tierra
- Géminis amarillo para un signo de aire
- Cáncer azul para un signo de agua
- Leo rojo para un signo de fuego
- Virgo verde para un signo de tierra
- Libra amarillo para un signo de aire

- Escorpio azul para un signo de agua
- Sagitario rojo para un signo de fuego
- Capricornio verde para un signo de tierra
- Acuario amarillo para un signo de aire
- Piscis azul para un signo de agua

Las cuñas creadas dentro de la carta se denominan casas y serán las áreas focales de la carta. Un astrólogo trazará su hora y lugar de nacimiento para crear un patrón único en la carta. Si no tiene una hora de nacimiento definida en su partida de nacimiento, intente ponerse en contacto con la oficina de Registro Civil de su zona o elija una hora cerca del mediodía para introducir una hora relevante. No se desilusione si no tiene una hora de nacimiento correcta; aún puede obtener información con sólo su fecha y ubicación.

Ahora el astrólogo añadirá todas las colocaciones planetarias de su hora de nacimiento. Incluirá los planetas personales Sol, Luna, Mercurio, Venus y Marte antes que los planetas exteriores Júpiter, Saturno, Urano, Neptuno y Plutón. Dependiendo de los cielos, puede incluir asteroides que fueran relevantes en ese momento, como Vértice, Juno o Quirón.

Ahora ya tiene los elementos básicos que puede añadir. Para crear su carta astral, el astrólogo añadirá una serie de líneas que unen los planetas con longitudes, ángulos y colores variables. Incluyen:

- Elementos
- Modos, cardinal, fijo y mutable
- Signos
- Planetas
- Casas
- Aspectos
- Nodos, Sur y Norte

Qué buscará un astrólogo en su Carta Natal

- En qué casa y signo se encuentra cada uno de los planetas
- Aspectos y ángulos que se forman entre los planetas
- Identificación de cualquier stellium; cuando tres planetas se encuentran en un signo
- El equilibrio elemental

- Cualidades y signos fijos
- Patrones formados por los planetas
- Áreas que necesitan trabajo para crear un equilibrio en su vida

Lo que su Carta Natal le ayudará a descubrir

Qué camino profesional debe seguir

¿Siente que está en el trabajo equivocado y que, en algún momento, necesitará buscar una nueva carrera, pero no está seguro de qué camino tomará? Su carta astral le ayudará a iluminar su futuro y a encontrar una carrera que se adapte a sus puntos fuertes y a sus necesidades económicas. No todos somos exigentes, pero todos necesitamos ganar suficiente dinero para vivir cómodamente. Puede que su trayectoria profesional sea tan individual que ni siquiera se lo haya planteado en el pasado. Su carta natal le ayudará a identificar su individualidad y cómo puede llevarla al lugar de trabajo. También le dará más confianza para cambiar su vida.

Le dice la verdad sobre usted mismo

Es propio de la naturaleza humana centrarse en las cualidades de las personas y pasar por alto sus defectos. Como resultado, a menudo tenemos una visión desequilibrada de nosotros mismos y de los demás. Su carta natal no endulzará sus debilidades ni inflará sus cualidades. La información detallada que conocerá le ayudará a trabajar sus debilidades y a fortalecer sus cualidades. No lo tome como algo personal y aprenda a ser más resistente a la verdad. La información le ayudará a aprender a reconocer a quién y qué debe evitar y le ayudará a reconocer los aspectos positivos y negativos de su personalidad.

Le informará sobre sus tres signos

Su carta natal le indica sus signos Solar, Lunar y Ascendente. Probablemente conozca su signo solar, que es su signo zodiacal. Por ejemplo, si nació el 6 de abril, es Aries. Sin embargo, conocer su Luna y su signo solar ascendente es igual de importante para su carta astral.

Para descubrir su verdadera personalidad, necesita conocer su signo lunar. Éste es su yo instintivo y es la parte de usted que tiende a ocultarle al mundo. Todos tenemos instintos básicos que pueden ser oscuros e inexplicables. No puede deshacerse de ellos, pero saber cuáles son le ayudará a crecer. Su signo lunar también es el lugar al que se retira cuando necesita escapar del estrés de la vida cotidiana. Algunos astrólogos se centran más en el signo lunar porque creen que proporciona un sentido más verdadero de uno mismo.

Su signo ascendente es como le ve la gente a primera vista. Es la persona que proyecta al mundo y la forma en que lo perciben. Algunas personas tienen el mismo signo solar y ascendente, mientras que otras pueden ser polos opuestos.

Le ayudará a entender cómo los planetas afectan su energía y forman su personalidad

Su signo solar es sólo la primera capa de su yo. Es posible que se haya descrito a sí mismo como un típico Aries, o que cuando hace algo diga: «Eso es tan propio de un Aries». Sin embargo, al estudiar su carta astral, descubre los secretos mismos de su alma. Puede sonar bastante dramático, pero es cierto. Adquirirá un conocimiento más profundo de quién es y de lo que significa realmente la alineación de los planetas en el momento de su nacimiento. En la parte izquierda de su carta natal hay una lista de las posiciones de todos los planetas y el signo zodiacal dominante cuando nació. Esto le da una idea de sus nodos. El nodo Norte representa las experiencias que necesita para realizarse espiritualmente. Por el contrario, el nodo Sur muestra sus talentos naturales junto con sus habilidades ya dominadas.

Debido a que la Tierra gira, los planetas cambian constantemente de casa. Determinar dónde estaban situados cuando usted nació le ayudará a entender por qué se siente atraído por determinadas personas. Otras le resultan tan extrañas que bien podrían haber nacido en otro planeta. ¿Sabía que, debido a este cambio constante, incluso los gemelos nacidos con sólo unos minutos de diferencia pueden tener personalidades completamente distintas?

Su carta astral le mostrará las lecciones del alma a las que se enfrentará en el futuro

Su viaje por la vida debería ser positivo y parecerse a una metamorfosis de una humilde oruga a una impresionante mariposa, pero todos sabemos que eso no siempre ocurre. Si puede reconocer las lecciones que aprendió en sus vidas pasadas y emplearlas en su vida presente, tendrá menos probabilidades de fracasar. Tiene que identificar los traumas del pasado y el karma atraído para poder superarlos. ¿Qué hay en el camino de su alma y qué hará para que su viaje sea menos traumático y pueda alcanzar sus objetivos?

La mayoría de las personas crean cartas astrales nuevas el día de Año Nuevo o de su cumpleaños para que les sirvan de guía durante el año siguiente. Se denominan cartas de tránsito, y un astrólogo cualificado comparará y contrastará su carta natal original y la carta de tránsito para ayudarle a planificar el futuro. Tener esta previsión permite saber qué hacer y cuándo hacerlo. Si planea un viaje o un acontecimiento especial, puede comprobar con una carta de tránsitos si los astros están alineados favorablemente.

Otros tipos de cartas

Cartas de compatibilidad

Basta de intentar conocer a alguien haciendo que les lean sus cartas. Hay dos formas de hacerlo: una carta de sinastría, en la que se comparan las cartas individuales en busca de compatibilidad y contrastes, mientras que una carta compuesta es un esfuerzo conjunto que compara los puntos en los que se encuentran, respecto a su compatibilidad. La relación se trata como entidades separadas y crea una personalidad conjunta con las psiques de dos individuos.

Cartas de previsión anual

Si tiene un año ajetreado o quiere saber cuándo hacer cambios significativos, haga una carta que empiece en la fecha de hoy y trace un mapa de los próximos doce meses para ver lo más destacado y las dificultades.

Gráfico védico

Si quiere una visión aún más amplia, eche un vistazo a las cartas que adoptan una perspectiva diferente; las cartas de la astrología védica y china trabajan con diferentes energías y datos, y calculan su carta con un método alternativo.

¿Cuáles son las dignidades de los planetas?

Dentro de su carta, obtendrá un domicilio o posición de origen. Un planeta con Dignidad Domal reside en el mismo signo que rige. Cuando se sitúa en el signo opuesto al que rige, se describe como en detrimento o exilio. Cuando está exaltado, se encuentra en un lugar de conciencia, mientras que cuando está en caída, es la oposición de exaltado. No se preocupe demasiado por estos términos, ya que daremos más detalles cuando empecemos a examinar los signos y planetas individuales.

Ser consciente de la posición de los planetas le orientará sobre qué energías debe utilizar y cuáles necesita trabajar más. No piense que encontrar un planeta en detrimento o caída es mala suerte. Significa que encontrará retos y que tendrá que superar obstáculos. ¿Es algo malo? La respuesta corta es NO. Al reconocer estos planetas adversos, puede abordarlos con resolución, lo que forja su carácter y mejora su autoestima.

Trabajar en sus planetas en detrimento y caída requerirá determinación, pero aumentará su fuerza cósmica. Piense en el trabajo que realiza como una fisioterapia cósmica y haga que su músculo cósmico sea más fuerte y eficaz.

Los planetas exaltados y domiciliados son sus planetas positivos; las áreas exaltadas son donde realmente puede brillar. Las áreas exaltadas son sus habilidades y puntos fuertes innatos. Puede que ya conozca sus excelentes cualidades, o puede que le sorprendan. Su carta astral destacará lo que le resulta natural y dónde tiene un pozo natural de energía y talento.

Sus planetas que están en su casa le darán paz interior. Son sus parientes y se sentirá completamente a gusto en las zonas que gobiernan. Cuando usted y sus planetas domiciliados se combinan, hay una doble dosis de energía y fuerza.

El efecto de los planetas sobre los humanos

Esto es sólo un resumen básico de lo que puede esperar del resto del libro. Todos los planetas desempeñan un papel en la astrología, la magia y las predicciones. Si descomponemos nuestros cuerpos, encontramos qué están hechos de elementos físicos como los átomos que reaccionan a efectos químicos y físicos al igual que los planetas. No hay duda de que el universo es una masa próspera de conexiones y elementos que causan reacciones y efectos en nuestros seres físicos. Los ciclos astrales y los planetas que existen a millones de kilómetros por encima de nosotros forman parte de un universo primordial en el que hasta el átomo más pequeño puede verse afectado por los enormes planetas giratorios del cielo.

Consideremos ahora el alma. Puede llamarla conciencia o espíritu, pero nadie puede discutir que todos tenemos algo que nos hace brillar. Sin esta parte metafísica, no seríamos más que robots sin personalidad que sólo existen para realizar tareas. Si nuestros cuerpos físicos se ven afectados por los ciclos astrales, ¿no se deduce que nuestras almas reaccionarán a la atracción gravitatoria, lo que afecta cómo pensamos y, a su vez, ¿cómo actuamos?

Los siete planetas tienen existencia física y pueden verse. El Sol y la Luna son luminarias que emiten luz y aportan resplandor a nuestras vidas, mientras que Saturno y Júpiter son planetas de movimiento lento. Cada planeta tiene sus puntos fuertes y sus poderes, y es relevante para nosotros dependiendo de su posición en el momento de nuestro nacimiento y a lo largo de nuestro tiempo en la Tierra.

Hablaremos de los detalles más intrincados de cada planeta más adelante, pero aquí puede conocer los planetas como si fueran un grupo de amigos, en lo que se convertirán a medida que estudie más magia planetaria.

Saturno

Este planeta es el más alejado del Sol y es conocido por su energía refrescante y seca. Representa a los adultos mayores y es conocido como un planeta sabio y erudito. En una posición beneficiosa en su carta, trae riqueza y fama, pero en una posición perjudicial o de caída, indica pérdida, tristeza, indigencia y obstáculos en la vida. Es una fuerza de enseñanza que recompensará a los buenos estudiantes y castigará a los que no aprendan.

Marte

Este planeta ferozmente masculino se define por su color rojo. En el descendente, indica una mente técnica y un temperamento explosivo. En su casa, Marte indica carreras que requieren valor y confianza en uno mismo, como el ejército, la política, los agentes inmobiliarios, los trabajadores de la construcción y los cirujanos. En la posición ascendente, representa una mente joven, pero en la descendente, significa agresividad e ira que pueden conducir a situaciones estresantes y a la incapacidad para resolver conflictos.

Júpiter

Como planeta más grande del sistema solar, Júpiter es un maestro bondadoso y benévolo. Si se le coloca en una posición beneficiosa, trae suerte y moralidad y a menudo indica éxito y generosidad. Sacerdotes, maestros y líderes suelen tener a Júpiter como influencia planetaria exaltada. Si se encuentra en una posición perjudicial, puede significar depresión, pesimismo y fatiga. Cuando una mujer tiene a Júpiter en detrimento, puede volverse arrogante y difícil de tratar.

Mercurio

Este planeta rige la comunicación, y cuando está en una posición favorable, puede significar carreras en los medios de comunicación, escritura, astrología y la bolsa. Las personas con Mercurio en posición exaltada serán encantadoras y astutas; tomarán buenas decisiones en el momento adecuado. Mercurio es el planeta de la lógica y afectará al razonamiento y a la capacidad de análisis.

Venus

El Lucero del Alba es el planeta del amor, el sexo, la belleza y todo lo creativo. Brilla más que ningún otro planeta e indica carreras en hotelería, turismo, teatro, música y oficios artísticos y creativos. La posición de Venus en su carta natal influye en su capacidad para tener una vida amorosa o una relación exitosa, y su energía le ayudará a ser más sensual. En una mala posición, significa un fracaso para tener relaciones exitosas.

El Sol

Como fuente de todo poder, el Sol es el señor extremo y todopoderoso del sistema solar. Es el combustible que todos necesitamos para vivir y, como tal, se encuentra en una posición beneficiosa. Aporta poder y reconocimiento y suele ocupar un lugar destacado en las cartas astrales de políticos y líderes mundiales de éxito. Por el contrario, aporta arrogancia e inestabilidad emocional en posiciones adversas que pueden conducir a la humillación y al pesimismo.

La Luna

El planeta lunar es una fuerte energía femenina que habla directamente a sus emociones y sentimientos. Como Reina del sistema solar, traerá amor, poder, éxito financiero y calma a aquellos que se encuentren en una posición beneficiosa, mientras que traerá depresión y pesimismo a las personas que la tengan en caída.

El Sol y la Luna son como los ojos del universo, y se combinan con los otros cinco planetas para formar nuestro universo.

Capítulo 3: Brille con el Sol

No hay mejor lugar para empezar que con el gran padre del sistema solar, el jefe del universo y la fuerza que alimenta nuestra vida, el Sol. Representa nuestra identidad y cómo encendemos nuestra propia llama en el mundo, cómo brillamos y cómo nos expresamos. Representa su relación con el padre y es la estrella alrededor de la cual giran todos los demás planetas, por lo que es la figura paterna por excelencia.

Se representa con un círculo de potencial ilimitado, a menudo con un ojo en el centro. En algunos glifos y símbolos, las llamas que rodean al Sol parecen enmarcar su rostro y lo hacen parecer más humano. El punto u ojo en el centro del círculo representa su punto focal y le da un objetivo al que apuntar.

Aunque no hay signos zodiacales favorecidos, el Sol es una adición bienvenida a su carta natal, y cuando se encuentra en su casa aporta gran poder y prosperidad.

El Sol está

    En su casa en Leo

    En detrimento en Acuario

    Exaltado en Aries

    En caída en Libra

Planetas maléficos y benéficos

El concepto de planetas maléficos y benéficos es una parte importante de un horóscopo detallado, y la mayoría de la gente se olvida de que existen dos tipos de planetas, maléficos y benéficos. Pueden ser funcionales o naturales, y existen ciertas reglas a la hora de analizar su estado en función de su relación con otros planetas.

El Sol es un planeta benéfico funcional para Aries, Leo, Escorpio y Sagitario.

Es un planeta maléfico funcional en Virgo, Capricornio y Piscis.

El Sol es un maléfico natural, pero no es tan dañino como otras influencias maléficas, por ejemplo, la de Júpiter.

Estos aspectos de los planetas se originaron en la astrología védica. Sin embargo, a medida que demandamos más información, los astrólogos occidentales también los han adoptado para que las lecturas sean más profundas y precisas.

¿Qué significa el Sol en términos astrales?

Es su yo consciente y representa su carácter. Si el Sol es fuerte en su carta natal, indica su trayectoria vital. Rige el corazón y la columna vertebral y es significativo de su fuerza interior. Cuando es fuerte en signos de aire como Géminis y Acuario, significa que creen que sus pensamientos y creencias son tan tangibles como los objetos sólidos.

Rasgos clave y tipos de personalidad

- **Fuerza de voluntad:** Los signos de Sol no retrocederán sin luchar; creen en sí mismos y lucharán a pesar de la oposición.
- **Determinación:** Si quiere que alguien haga un trabajo, pídale a un signo solar que se ponga manos a la obra, cualquier obstáculo lo afrontará con entereza y resolución.
- **Dignidad:** Los signos solares se sienten orgullosos de sí mismos y de sus creencias, pero no recurrirán a los malos modales o a ser groseros para transmitir su opinión. Cuando se enfrentan a este tipo de comportamiento, mantendrán la calma.
- **Vitalidad:** Los signos solares están llenos de energía y listos para poner en marcha sus motores siempre que se necesite.

- **Lealtad:** Cuando tiene un amigo, está a su lado en las buenas y en las malas.
- **Fortaleza:** Los signos solares pueden seguir adelante cuando otros se han dado por vencidos y, lo que es más importante, también inspiran a los demás a seguir adelante.
- **Fortaleza:** Son fuertes física y mentalmente y trabajan duro para mantenerse en forma.
- **Positividad:** Tienen una visión del vaso medio lleno y su positividad es contagiosa. No se puede ser pesimista en su compañía.
- **Liderazgo:** Les encanta liderar desde el frente y no tienen problemas con la responsabilidad.
- **Valentía:** Nunca se echan atrás ante los problemas, por difícil que sea la situación, y siguen adelante, aunque teman el resultado.
- **Arrogancia:** Debido a que son súper seguros y creen en sí mismos y en sus creencias, puede llegar a parecer arrogantes.
- **Egocéntricos:** Los signos solares se ponen a sí mismos en primer lugar porque creen que es el lugar que les corresponde. Se cuidan a sí mismos para asegurarse de estar cerca para ayudar a los demás.
- **Individualismo:** No siguen el juego como la mayoría de la gente y les encanta romper las tendencias. Los signos solares tienen una confianza en sí mismos que les permite ser individuales, impresión que les encanta dar.

Aunque el Sol transita hacia un nuevo signo cada mes, esto no significa que usted cambie. Sí significa que las áreas de su vida representadas por las casas deben ser reconocidas y trabajadas. Por ejemplo, en la primera casa, está en el signo de Aries, lo que significa que debe centrarse en su fuerza física. Le dice que sea más activo y cuide su cuerpo cambiando su dieta y aumentando sus actividades. Es más probable que le interese cambiar su aspecto y verse más atractivo.

En la segunda casa, brilla sobre el signo Tauro y se concentra más en los asuntos financieros. Le sugiere que se replantee las inversiones y las compras que le ayudarán a ser más próspero. Puede animarle a comprar piezas decorativas clave como esculturas y cuadros como inversión y personalizar su entorno.

En la tercera casa, Géminis, se centrará en sus habilidades de comunicación. Se animará a hacerse oír más y ser más vocal en el lugar de trabajo, mejorar sus habilidades de comunicación y ser más erudito.

Deidades solares

Desde el principio de los tiempos, los humanos han sido conscientes del poder del Sol y han adorado a deidades asociadas a él. Éstas son algunas de las deidades más veneradas en distintas culturas:

Mitología celta

Grannus, el dios de los manantiales curativos y los balnearios

Lugh es una deidad irlandesa asociada al Sol

Mitología egipcia

Basteth, la diosa gata con conexiones solares

Horus, el dios de los cielos, cuyo ojo derecho representaba el sol y el izquierdo la luna.

Ra fue el dios solar más poderoso de la época egipcia

Mitología griega

Apolo, el dios del Olimpo responsable del sol, la profecía y la curación

Helios, el dios griego de los Titanes responsable del sol

Hinduismo

Aryaman y Saranyu, dios y diosa de los cielos, el sol y el amanecer

Surya, el dios de la energía solar

Mitología maya

Ah Kin, el dios responsable de expulsar la oscuridad y traer el sol

Hunahpú era uno de los Héroes Gemelos mayas; fue creado como el sol, mientras que su hermano fue creado como la luna.

Mitología nativa norteamericana

Wi, el dios del sol

Mitología nórdica

Freyr, la diosa del amanecer, la sexualidad y la fertilidad

Baldr, dios de la luz

Mitología romana

Aurora, poderosa diosa del amanecer

Sol, dios supremo del sol

Palabras clave de la magia solar

Cuando lance un hechizo o cree conjuros para invocar el poder del sol, ciertas palabras le ayudarán con su intención.

Utilice estas palabras para mejorar su trabajo y llenarlo de energía solar

- Brillante
- Calor
- Salud
- Confianza
- Amanecer
- Energía
- Fortuna
- Resplandor
- Solar
- Profundo
- Potente
- Faro
- Brillo
- Coruscación
- Efulgencia
- Emanación
- Llamarada

Animales relacionados con el Sol

El mundo animal sabe instintivamente qué planeta y qué energía representan. Nacen con un poder inherente que nos ayuda a conectar con ellos y a formar vínculos inquebrantables. Todo el mundo tiene animales espirituales, pero la mayoría de la gente cree que elige con qué animal alinearse. No tiene elección en el asunto, sus animales espirituales o tótems animales le eligen a usted.

Se alinean con su energía que puede estar vinculada a sus conexiones planetarias. Saber que tiene una fuerte asociación con el Sol significa que instintivamente se sentirá atraído por ciertos animales. Si espera trabajar con el Sol porque está en una posición menos fuerte, aún puede utilizar el reino animal para aprender qué fortalezas y cualidades aportan estos animales conectados con el Sol.

Algunas relaciones con los animales serán estacionales, y eso está bien. Al igual que cambia su dieta y su ropa con las estaciones, algunos animales serán más relevantes en determinadas épocas del año. No intente forzar una relación con ellos. Deje que entren en su vida cuando los necesite. Los animales solares le llenarán de inspiración y energía para guiarle en su camino hacia la realización personal.

Animales solares

El Carnero

Símbolo de Aries y uno de los símbolos más masculinos del zodíaco. Representan la pasión y la potencia mezcladas con la fogosidad y la falta de miedo. Se precipitan sin pensar, pero confían en su fuerza y fortaleza. En modos más tranquilos, son inteligentes y creativos.

La salamandra

Este anfibio ha representado el fuego y la luz desde los tiempos de la mitología griega y romana. Aunque es de sangre fría, representa el fuego en los mitos, y existe una antigua historia de salamandras que duermen en volcanes inactivos. Cuando el volcán entra en erupción, se dice que indica la ira de la salamandra.

El león

Como rey de la selva, el león es la representación animal obvia del objeto más poderoso del sistema solar. Es un signo de liderazgo, valor y sabiduría. Cuando es necesario, el león gobierna con compasión y un fuerte sentido de la lealtad y la ferocidad. Luchará por su territorio y su manada y los protegerá con su vida.

También representa el lado más noble de las emociones humanas y la alegría de la benevolencia. Es la luz dorada que brilla en el mundo animal y el máximo protector de los secretos.

Gallo

En las culturas orientales, los gallos son muy apreciados y representan el valor y el espíritu competitivo. Son aguerridos y valientes, y en los templos japoneses es frecuente encontrarlos corriendo en libertad. Occidente ha adoptado al gallo para proteger sus hogares, y es frecuente verlos decorando veletas o aldabas.

Dragones

En la filosofía china, el dragón es un maestro de autoridad y representa la conexión definitiva entre los animales y la humanidad. Son cálidos pero feroces, y simbolizan la buena suerte. Los dragones también forman una conexión con nuestros antepasados, por lo que podemos beneficiarnos de su sabiduría y guía.

Cisnes

Estas magníficas aves pueden parecer animales solares inverosímiles, con sus frías plumas blancas y su porte altivo. Al observarlos en la naturaleza, su verdadero poder se hace más evidente. Se sienten totalmente a gusto en el agua, pero pueden surcar los cielos con confianza. En términos astrales, representan el aspecto solar del amor y el romance. Su gracia y belleza le ayudarán cuando tenga problemas en sus relaciones y necesite orientación solar.

Arañas

Cuántas veces se ha cruzado una araña en su camino y se ha limitado a apartarla. Las arañas son animales solares y simbolizan el trabajo duro, el empuje y los logros. Cuando se le aparecen, son una señal de que necesita ayuda para realizar ciertas tareas que pueden resultar difíciles. Le ayudan a darse cuenta de que la vida no siempre es un camino de rosas y que tiene que realizar tareas para ayudar a los demás. Las arañas son enviadas para recordarle que obtenemos mejores resultados cuando trabajamos todos juntos.

Pavos reales

El ejemplo más noble del mundo aviar, estos extravagantes pájaros son regios y hermosos. Representan las cualidades más admiradas que todos queremos alcanzar: gloria, visión, sabiduría, confianza en uno mismo y vitalidad. Brillan de forma vistosa y magnífica, animándonos a irradiar fuerza y belleza y a brillar a nuestra manera. Inspiran confianza y aportan alegría y felicidad. En las culturas norteamericanas, las plumas de pavo real se utilizan para tratar enfermedades y desempeñan un papel en rituales y hechizos curativos. Los curanderos utilizan las plumas de pavo real para despertar el sentido espiritual y fomentar la clarividencia.

Colores asociados a los signos solares

Como principal fuente de luz, los colores asociados a la energía solar son brillantes y claros. El naranja, el amarillo y el dorado son las opciones obvias, pero también puede utilizar colores asociados con el amanecer y el atardecer. El rosa pálido, el morado, el azul claro y el rojo también forman parte del espectro solar.

Cristales asociados con el Sol

Piedra de sangre

El cristal de piedra de sangre es la piedra del coraje y le ayudará a realizar rituales y hechizos de protección. Lo enraizará y le dará la fuerza para hablar cuando sienta que otros le están sometiendo. Le ayudará a trabajar en el momento y a desterrar la confusión y las fuerzas externas negativas.

Rubí

Esta piedra de color rojo intenso aporta alegría y riqueza y desata su pasión. Se utiliza para atraer la positividad y la risa. Utilice el rubí para establecer sus verdaderas intenciones y alcanzar sus objetivos. Favorece la salud del corazón y la confianza.

Citrino

Fomenta la creatividad y la confianza en uno mismo, estimula el cerebro y favorece el pensamiento claro y la motivación. Utilícelo para aumentar la confianza en usted mismo y expresarse sin miedo.

Cuarzo Cristal

Esta piedra curativa maestra puede armonizar sus chakras y ayudarle a conectar con las energías superiores. Revitaliza sus fuerzas emocionales y espirituales y le permite recargar las pilas.

Los metales relacionados con las energías solares son el cobre y el oro. Los talismanes y amuletos fabricados con estos metales y decorados con rubíes le aportarán fuerza y buena suerte.

¿Qué alimentos les gustan a los signos solares?

La astrología alimentaria es un concepto relativamente nuevo, pero si tiene en cuenta lo que le dice su carta natal, ¿por qué no incluir la comida? Usted es su alimento, y la astrología no es más que otra forma de adaptarse a su yo planetario.

Si tiene un Sol fuerte, le atraerán los alimentos aromáticos picantes con chiles y jengibre. Deben estar bien cocinados, y los signos solares no comen alimentos que no sean visual y físicamente atractivos. Los *parathas* indios con comino y semillas de mostaza serán más apetecibles que el pan normal, servidos con mantequilla y encurtidos.

Si quiere fortalecer su Sol, coma mucha fruta como naranjas, melocotones, ciruelas y alimentos picantes. Los alimentos asiáticos que le hacen sudar le ayudarán a aumentar su energía solar. Reduzca la sal de su dieta para sentirse más enérgico y poderoso.

Los mejores momentos para trabajar con la energía solar

La magia solar debe realizarse cuando el momento apropiado corresponda al hechizo.

El amanecer es el momento de realizar rituales de nuevos comienzos y renacimiento. A medida que el sol se asoma por el horizonte, realice rituales solares para limpiar su espíritu y hacer renacer su energía para el día.

Durante la mañana, puede realizar actos que promuevan la armonía y la felicidad y empezar a construir nuevos planes para su futuro. Obtenga energía positiva y establezca propósitos para hacer su vida más próspera y llena de alegría.

Al mediodía, trabaje con el sol para traer magia y salud a su hogar. También es un buen momento para cargar sus herramientas mágicas y gemas (compruebe que son aptas antes de dejarlas a pleno sol).

La tarde es el momento de concentrarse en asuntos más de negocios. Trabaje para mejorar los planes de viaje y exploración o cualquier cosa relacionada con su trabajo o carrera.

La puesta de sol es el momento de realizar rituales de desprendimiento. Relájese y deje ir el estrés y la depresión mientras el sol desaparece tras el horizonte para entrar en un estado de oscuridad.

Cómo hacer magia solar

La mayoría de los creyentes mágicos se centran en la Luna y en el poder lunar. A las brujas lunares les encanta trabajar bajo la luz plateada de la Luna, pero se están perdiendo la poderosa fuerza de la luz solar.

He aquí algunas formas de utilizar el poder solar que aparece en su vida cada día.

Tomar el sol

Los rayos UV son saludables, siempre que sea sensato. Los signos solares se sienten deprimidos cuando no les da la luz del sol, así que oblíguese a salir a tomar ese sol curativo. Túmbese en la hierba y ponga la cara al sol. Póngase crema solar y gafas para protegerse la piel y los ojos, ¡y a tomar el sol!

Agua de sol

Todo el mundo conoce el poder del agua de luna, pero el agua solar también es perfecta para limpiar su altar, sus herramientas y a usted mismo. Deje un recipiente de cristal lleno de agua al sol para que se cargue y luego añádala al agua del baño para un baño refrescante y purificador.

Llene su espacio de plantas solares

Si tiene jardín, cultive plantas relacionadas con los elementos solares y el fuego. Las margaritas, los girasoles, el romero y la ruda son sencillas de cultivar y crecen bien en tierra normal o en macetas. Si no tiene jardín, elija plantas de interior que le conecten con la energía solar.

Beba té helado al sol

Cuando ha estado tomando el sol, necesita reponer agua en su organismo. ¿Por qué no hacer aún más mágica esa bebida infusionándola con hierbas e infusiones a base de sol? Tome una jarra de cristal y llénela parcialmente de agua. Añade estevia, menta, una bolsita de infusión y una ramita de manzanilla. Tápelo bien y déjala al sol para que se infusione durante dos horas. Cuando se haya enfriado, vierta el contenido sobre hielo y bébalo. Es mágico y beneficioso.

Trabaje el plexo solar

La masa de nervios de la boca del estómago puede considerarse el centro de control de los órganos del abdomen. La energía solar es especialmente importante para el plexo solar, ya que es el tercer chakra, regido por el sol. Fortalézcalo con ejercicio y estiramientos regulares para asegurarse de que se mantiene sano y de que su abdomen sigue funcionando.

Cree manualidades inspiradas en el sol

Haga atrapasoles y prismas para colgar en casa. Utilice los colores relacionados con el sol y atrape la luz. Si prefiere la magia en la cocina, utilice plantas y alimentos relacionados con el sol. Cree pan con forma de sol o utilice tomates secos para hacer más sabrosa su comida.

El Sol está con nosotros todos los días y, sin embargo, lo damos por sentado. Utilice las conexiones solares para hacer su vida más alegre e iluminada.

Capítulo 4: Ir más allá de la Luna con la magia

En astrología y magia, la Luna es la madre del universo. Ella es el poder detrás de nuestras naturalezas más básicas e instintos de supervivencia, tan arraigados que no los reconocemos. Es el planeta de las emociones y los sentimientos, y cuando trabaje con magia lunar, fortalecerá su bienestar físico y psicológico.

Es el satélite más grande del universo y está intrínsecamente ligado a la Tierra. No importa en qué parte del mundo nos encontremos, siempre vemos la misma cara de la Luna debido a la atracción gravitatoria y a la alineación de los periodos orbitales. Está unida al Sol para crear un dúo celeste que representa la dualidad definitiva cuando el día desaparece y se convierte en noche. Esta transición aparentemente sin esfuerzo significa que ambos simbolizan los mundos superior e inferior. La Luna es la mitad femenina de la unión y está vinculada a todos los aspectos femeninos. Es la reguladora de los ciclos de la mujer y de la fertilidad de las hembras y las cosechas.

Signos de la Luna

Fases lunares
Véase la página del autor, CC BY-SA 4.0 <https://creativecommons.org/licenses/by-sa/4.0>, vía Wikimedia Commons: https://commons.wikimedia.org/wiki/File:Lunar_phases.svg

El glifo tradicional es la luna creciente, pero como la luna tiene muchos ciclos, también tiene glifos para representar los distintos ciclos. La luna creciente representa el segundo ciclo. Los ocho ciclos son los siguientes

1. La luna nueva está representada por un círculo completo con una estrella de cuatro puntas en el centro.
2. La luna creciente está representada por la media luna mirando hacia la izquierda.
3. La mitad derecha de un círculo representa el primer cuarto.
4. El arco creciente representa la luna creciente con la curva apuntando hacia arriba.
5. Un círculo completo representa la luna llena.
6. La luna menguante tiene el arco hacia abajo.
7. El último cuarto es la mitad izquierda del círculo.
8. El cuarto menguante tiene la luna creciente hacia la derecha.

Las dignidades de la Luna

La luna está en su casa en Cáncer

En detrimento en Capricornio

Exaltada en Tauro

En caída en Escorpio

La Luna es generalmente un planeta benéfico y trae prosperidad y vida a la Tierra. Es benéfica por naturaleza y trabaja con el Sol para crear atmósferas tanto maléficas como benéficas dependiendo de las posiciones de tránsito de los otros planetas. Es el planeta que se desplaza más rápidamente y sólo pasa dos días al mes en las casas del zodíaco, por lo que es aún más importante identificar estos momentos y aprovecharlos bien.

Los rasgos de la Luna

Las conexiones lunares fuertes indican una personalidad afectuosa, compleja y emocionalmente transparente. Puede que lleven el corazón en la manga, pero son compasivos y se interesan por el bienestar de los demás.

Cuando se encuentra en los signos de agua, indica una figura materna profunda y compleja que se preocupa por los demás de forma natural. Muestran empatía y tienen una imaginación vívida que alimenta la creatividad y las habilidades artísticas.

En los signos de fuego, la Luna es señal de una madre que anima a sus vástagos a salir al mundo y explorar. Entienden que el valor y la fuerza ayudarán a los demás a ser más mundanos y a ampliar sus horizontes.

En los signos de Tierra, es más probable que se manifiesten como una figura materna tradicional que cree que la rutina y la seguridad son los cimientos de la vida. Se sienten responsables de los demás y a menudo se sacrifican para cuidar de los demás.

La Luna en signos de aire significa una madre comunicativa a la que le encanta contar historias. Están llenas de historias y relatos de lugares mágicos y personas maravillosas que inspiran la libre expresión.

Deidades lunares

La mayoría de las sociedades occidentales asocian la Luna con las energías femeninas, pero no siempre ha sido así. En las culturas egipcias y orientales, la Luna estaba representada por deidades masculinas. He aquí algunos de los dioses y diosas lunares más conocidos:

- En la mitología griega, Artemisa era la diosa de la Luna, pero en enseñanzas anteriores, la Luna estaba representada por Selene.
- Las enseñanzas tracias también contaban con la diosa Bendis, que reinaba junto a Artemisa y gozaba del favor de las enseñanzas más formales y clásicas. Era popular en Atenas en el siglo IV y aparecía en la cerámica y en los santuarios portando dos lanzas preparadas para la caza.
- En Ciudad de México se descubrió un monumento a la diosa de la luna Coyolxauhqui, que se cree que representa su cuerpo desmembrado tras una batalla contra su hermano y archirrival, el dios del sol Huitzilopochtli. Era la diosa azteca del reino lunar.

- Los romanos adoraban a la diosa Diana, el equivalente romano de Artemisa, y también era conocida como la diosa de la caza. A menudo se la representa con un arco y una flecha, en compañía de un animal del bosque, como un ciervo.
- Heng-o es la diosa china de la luna y residía en un enorme palacio blanco construido con hielo y nieve. Viste túnicas blancas y plateadas y lleva joyas de jade blanco. Tiene un homólogo masculino llamado Thearch, que representa el alma masculina de la luna.
- Khonsu y Thoth eran las deidades egipcias de la Luna. Los egipcios creían que un enorme babuino blanco vivía en la superficie, y que la luna fue creada a partir del ojo izquierdo del dios Horus. Isis era la contraparte femenina de Thoth.
- Tsuki-Yomi es el dios japonés de la Luna y era hermano de la diosa del Sol. En la mitología, mató a otro dios porque ofendió a su hermana, pero ella no estaba de acuerdo con sus acciones, lo que explica por qué los dos planetas están tan distantes.

Palabras clave de la magia lunar

- Iridiscencia
- Rayos
- Plateado
- Emotivo
- Chispeante
- Pino
- Satélite
- Natural
- Ciclo
- Infinito
- Nacarado

Elementos lunares

Los colores asociados a la Luna son el azul, el blanco, el plateado y el rosa suave. Son los colores de la naturaleza, pero también puede usar los colores del Sol porque los dos planetas siempre estarán vinculados. El amarillo y el naranja ayudarán a aportar calidez y energía a su magia y una combinación perfecta de luz y oscuridad.

Las hierbas lunares incluyen incienso, aceite de árbol de té, menta, cítricos, mirto y salvia.

Los cristales para la magia lunar deben corresponder a los diferentes ciclos y son especialmente eficaces cuando se utilizan correctamente. He aquí una guía de los ciclos y los cristales y cómo funcionan en consonancia:

La Luna Nueva

La luna nueva es el primer ciclo y ofrece una pizarra en blanco para establecer sus intenciones. Utilice los cristales para realizar rituales que limpien su mente, establezcan nuevos objetivos y le inspiren para alcanzar el éxito.

La obsidiana negra está llena de energía reflectante que resalta sus pensamientos y esperanzas interiores. Utilícela como un espejo para ver su interior y centrarse en lo que necesita.

La labradorita es el ying del yang de la obsidiana negra. Aporta una energía mágica con destellos de luz y posibilidad. Pone fin a la oscuridad y atrae la magia y la luz.

Manifieste sus intenciones escribiendo sus objetivos e intenciones 108 veces en un papel mientras se concentra en sus cristales. El 108 está relacionado con la energía de la luna y representa la culminación. Unja el papel con su aceite favorito y coloque una vela blanca encima.

La Luna Llena

Es momento de realizar algunas tareas mentales. La luz brillante de la luna llena le ayudará a decidir cuáles de sus intenciones aún merecen la pena. Utilice estos cristales para iluminar su magia:

La **piedra lunar** hace lo que su nombre sugiere y le conecta con la poderosa guía de la energía lunar y hace que su camino sea claro. Lo llenará de la energía espiritual que le ayudará a alcanzar sus metas y manifestar sus necesidades.

La **selenita** le ayuda a aprovechar las energías superiores y captar el poderoso rayo de la luna nueva.

El **cuarzo cristal** le da claridad de pensamiento que le permite trabajar con mayor energía y concentración.

Cristales para el Primer y Tercer Trimestre

Estos son periodos de transición y debe centrarse en combinar las energías oscuras y luminosas que encontrará.

El **cuarzo turmalina** es el cristal de contrapeso perfecto para ayudarle a comprobar sus éxitos y posibles fracasos. No se desanime por los aspectos negativos; simplemente decida si quiere trabajar más al respecto o enviarlos a la papelera de las intenciones. No hay nada malo en reconocer que algunos objetivos no son para usted. Así es la naturaleza humana; no todos podemos ser expertos en todos los campos.

Receta con aceite de Luna

Puede utilizar el aceite de luna para aumentar su potencia cuando ponga sus intenciones por escrito. Use esta receta para crear un aceite fragante y poderoso. Podrá ungir su altar y su trabajo.

Lo que necesita
- Aceite esencial de gardenia
- Aceite esencial de loto
- Aceite esencial de jazmín
- 15 ml de aceite portador, como el de almendras o aguacate

Instrucciones:

Tomar tres partes de gardenia, dos partes de loto y una parte de jazmín y combinar con el aceite portador.

Animales lunares

Los animales asociados a la luna se definen como criaturas que extraen sus atributos de la energía lunar. Los alquimistas trabajan con la conexión entre el agua y la luna, mientras que los astrólogos se centran más en el signo zodiacal de Cáncer. Los animales que aparecen a continuación son indicativos de una combinación de estas cualidades y fuerzas. Suelen ser nocturnos y dependen de la luna para iluminar su entorno habitual. Los animales lunares están relacionados con la fertilidad, los fuertes lazos maternales y son receptivos a los humanos.

El Búho

Uno de los animales más simbólicos asociados a la Luna, el búho representa la sabiduría y la adaptabilidad. Pueden sobrevivir en las situaciones más adversas, se les relaciona con la serenidad y el equilibrio.

El lobo

A menudo representados aullando a la luna, estos magníficos caninos tienen agudos sentidos en la oscuridad. Son uno de los depredadores por excelencia y cazan tanto en solitario como en manada. En la mitología, son los monstruos en los que se convierten los hombres a la luz de la luna, y los hombres lobo están intrínsecamente ligados a ella. Sea cual sea el entorno en el que se encuentren, saben utilizar la naturaleza para prosperar. Los lobos se encuentran en todo tipo de terrenos y parecen capaces de hacerlos habitables.

El murciélago

Estas criaturas nocturnas son también símbolos del mal por su asociación con Drácula y los vampiros. Tienen un aspecto espeluznante y vuelan, por lo que son cazadores y supervivientes exitosos.

El cangrejo

Este organismo acuático está naturalmente asociado a la Luna por representar, en el zodíaco, a Cáncer. Puede vivir en tierra o en agua y es muy hábil para moverse y evitar obstáculos. Simboliza la necesidad de ser más objetivo y más agudo con sus pensamientos. Amplíe sus horizontes y sea valiente. A veces el cangrejo es enviado para advertirle de fuerzas negativas. Tenga cuidado con las personas que no son tan sinceras como creía y sea consciente de que tendrá que poner cara de valiente y lidiar con ellas.

Cuando sueña con cangrejos, el color es importante. Si sueña con un cangrejo rojo, significa que está reprimiendo sus emociones. Deje ir cualquier resentimiento o ira hacia alguien que actualmente le está causando dolor. Déjelo ir. Si sueña con un cangrejo blanco, significa que se encuentra en un lugar donde puede abrazar el amor y las relaciones, la vida es dulce y está recibiendo aprobación para tomar decisiones románticas importantes. Si sueña con un cangrejo muerto, significa que está en crisis. Es hora de levantarse y poner los asuntos en orden.

El delfín

Si alguna vez ha nadado con delfines o los ha visto en libertad, comprenderá la alegría que desprenden estos animales. Son majestuosos y nada amenazadores, pero su risa es llenadora como las maravillas de la naturaleza. Son juguetones y generosos y tienen un majestuoso sentido de la paz. Son inteligentes y sociables, como los humanos, y aportan el valor de la amistad y la comunidad.

Los delfines son mamíferos que viven en el mar, por lo que representan la dualidad de la tierra y el mar. Tienen rasgos solares y lunares y se les conoce como los príncipes del mar. Invocar a los delfines trae energías positivas y gracia a su vida y le harán sentir mejor cuando sea infeliz. Los delfines trabajan juntos para conseguir sus objetivos y su mensaje llega cuando necesita pedir ayuda a los demás. Le recuerdan que, aunque es capaz de hacer grandes cosas solo, también puede trabajar bien en equipo.

Los delfines tienen distintos significados en las distintas culturas y creencias. En los celtas son los guardianes sagrados de los mares, mientras que los cristianos creen que sirven para transportar las almas al cielo. Griegos y romanos solían representar a los delfines como compañeros de sus dioses, como Neptuno, Eros y Cupido.

Cuando los delfines se cruzan en su camino, le traen alegría, felicidad y el recordatorio de que debe equilibrar su vida. Le visitarán cuando esté demasiado concentrado en asuntos serios para recordarle que debe pasar tiempo con sus amigos y familia. Si sueña con un delfín en aguas claras, tiene una vida equilibrada, mientras que si están en aguas turbias, necesita abordar las relaciones negativas de su vida.

Alimentos relacionados con la Luna

Como la Luna es la responsable de su chakra raíz, experimentará dolor de espalda y un mayor letargo si está desequilibrada. Se sentirá deprimido o ansioso y se distraerá con facilidad. Consuma alimentos que potencien su chakra, como:

Verduras de raíz

Chirivías, zanahorias, ajos, remolachas y papas deberían ser un alimento básico diario. Beba té de diente de león o añada cúrcuma a su dieta para aumentar su energía y sentirse más a gusto consigo mismo.

Pimientos picantes

Los pimientos rojos, los pimientos morrones, los serranos y los chipotles añadirán fuego a su comida y aumentarán su energía física. Le ayudarán a ser más consciente de los aspectos físicos de su cuerpo y le animarán a hacer ejercicio.

Carnes rojas

El hierro y las proteínas son importantes para nutrir su chakra raíz, y la carne roja es una fuente clave. Consumidos con moderación, la ternera, el cordero y el venado ecológicos energizarán inmediatamente su chakra.

Huevos

Los huevos también contienen proteínas y minerales para fortalecer su chakra.

Alimentos ricos en proteínas

Si es vegano o vegetariano estricto, aún necesita obtener proteínas, y estos alimentos son ricos en proteínas, pero siguen siendo veganos: El tofu, las judías, los cacahuetes, los anacardos, las semillas y la mantequilla de frutos secos orgánicos le ayudarán a alimentar su chakra raíz.

Alimentos rojos

Su chakra raíz se beneficiará de todos los alimentos rojos como las manzanas, el ruibarbo, los tomates, los arándanos y las uvas.

Rituales lunares para todos

Al iniciar su conexión mágica con la luna, lo mejor es trabajar con la luna llena. La energía lunar es abundante, lo que significa que es más probable que sus rituales funcionen.

Ritual de Luna Llena

1. Siéntese a la luz de la luna llena, ya sea en el interior o en el exterior.
2. Asegúrese de que el espacio está libre de desorden y preparado para recibir la energía natural.
3. Encienda una vela blanca y cierre los ojos.
4. Concéntrese en su respiración y tome un papel en blanco para registrar su experiencia.
5. Escriba lo que siente que le está frenando. Por ejemplo: «Necesito dejar ir una relación pasada». Enumere tantos elementos como quiera y añada tantos o tan pocos detalles como prefiera.
6. Ahora escriba una lista de las cosas que quiere atraer. Por ejemplo: «Quiero conseguir un ascenso en el trabajo». Y haga lo mismo con esta lista.

7. Recuerde que esa lista es sólo para sus ojos y nunca la verá nadie más. Una vez completada, fírmela y póngale la fecha. Este es su contrato sagrado con el universo, y está alimentado por la energía lunar.
8. Ahora léalo en voz alta y pronuncie las palabras con convicción. Repita las partes más destacadas que crea que necesitan más énfasis y delo todo. Respire hondo, pero asegúrese de completar la tarea con fuerza y entusiasmo.
9. Ahora destruya el contrato quemándolo o rompiéndolo en pedacitos. Lávese las manos con agua fría y séquelas bien.

Ritual para abrazar a la doncella, la madre y la arpía

La luna se representa a menudo como una deidad tripartita. Representa las tres edades de las mujeres y puede verse como algo negativo. Es importante recordar que no todas las doncellas son jóvenes, no todas las madres tienen hijos y no todas las arpías son viejas. No están determinadas por la edad, sino por la energía.

Las doncellas representan la pureza y la fuerza creativa. Son símbolo de nuevos comienzos y crecimiento. Las madres representan la fuerza sexual del nacimiento y la energía protectora que no debe limitarse a los niños. Encarna las cualidades de crianza y protección y también representa la plenitud y la creación de una nueva vida.

La arpía es la encarnación de la transformación y la sabiduría. Utilice su energía para poner fin a situaciones y pasar a nuevos proyectos. Es sabia y oscura, pero su edad es relativa. Utilícela para superar el duelo o cualquier sensación de pérdida y recurra a su energía para seguir adelante.

Acuda a amigas para que se unan a usted en este ritual y representen las edades de las mujeres, si puede pida a nueve mujeres que se vistan de blanco y lleven nueve velas blancas para representar a la doncella. Ahora reúna a nueve mujeres vestidas de escarlata para representar a la madre, que lleven velas blancas con cintas rojas. Por último, nueve mujeres vestidas de negro llevan velas blancas con cintas negras para representar a la arpía.

Pida a las mujeres que digan algo sobre la edad de las mujeres que representan. Honre todas las etapas y recuerde mezclar las edades de las mujeres participantes. Enciendan las velas y observen cómo arden mientras comparten las alegrías de la feminidad.

Si realiza un ritual en solitario, cree un espacio sagrado y cierre los ojos. Repita la frase *«Soy la doncella, la madre y la arpía. Lunas sagradas llénenme de su luz y muéstrenme mi camino»*. Tenga receptividad para la energía que le llegará y celebre su ser femenino.

Capítulo 5: Mercurio, su mente y su boca

Mercurio es el planeta más cercano al Sol y es el más pequeño del universo. Puede que sea más pequeño que sus homólogos, pero es tan importante como algunos de los planetas más grandes que influyen sobre nosotros. Piense en Mercurio como un pequeño luchador con un ingenio relampagueante, un hábil comunicador de su grupo de amigos.

El glifo de Mercurio es un círculo con una cruz en la parte inferior y una luna creciente en la parte superior. Es como el glifo de Venus e indica la fuerza y los rasgos femeninos.

>Mercurio está en exaltación en Virgo
>
>En Dignidad en Géminis y Virgo
>
>En detrimento en Sagitario
>
>En caída en Piscis

Se considera benéfico cuando está solo o con Tauro, Géminis, Acuario, Virgo y Capricornio. Cuando se asocia con los otros signos, puede ser maléfico.

Efectos benéficos

- Imitación: Son buenos imitadores y les encanta entretener a la gente con sus imitaciones.

- También adaptan las ideas de los demás y las hacen suyas. Se dan cuenta de que sus habilidades residen más en la recreación que en la creación de ideas originales.
- Saben cómo funciona el sistema y reclamarán cada céntimo que puedan al gobierno y a otros organismos. Al fin y al cabo, tienen derecho a ello. También encontrarán la manera de engañar a los bancos y evitar pagar los préstamos.
- Si tienen un negocio, son buenos asesores, ya que conocen todas las lagunas y evasiones fiscales conocidas. Son expertos en dirigir operaciones a nombre de otras personas y mantener sus nombres limpios en caso de que las cosas vayan mal.
- Utilizarán la ley para castigar a sus enemigos en lugar de enfrentarse a ellos cara a cara. Odian las críticas y pueden ser mezquinos con quienes se atreven a discrepar con ellos.
- Se centran en las finanzas e incluso cambiarían su identidad y dirección si eso significara beneficiarse de una herencia.

Efectos de Mercurio Maléfico

- No se puede confiar en ellos para que encuentren trabajo por sus medios. Necesitan que otra persona les lleve de la mano y les muestre dónde encontrar trabajo.
- No viajan solos, aunque se comunican bien en todos los idiomas.
- Proyectan un elevado nivel de conocimiento sobre cosas de las que apenas saben nada.
- Prefieren la comida rápida y no entienden el placer de comer fuera.
- Son desaliñados y no tienen el mejor régimen de higiene.
- Se creen imprescindibles en su trabajo y les encanta decir a la gente lo importantes que son.
- Mienten con presteza, e incluso cuando se les pilla en una mentira, seguirán manteniendo que dicen la verdad.
- No importa cuál sea el partido gobernante, no estarán de acuerdo con sus políticas y métodos.
- Hablan de sus ambiciones, pero viven al día en la realidad.

Capítulo 5: Mercurio, su mente y su boca

Mercurio es el planeta más cercano al Sol y es el más pequeño del universo. Puede que sea más pequeño que sus homólogos, pero es tan importante como algunos de los planetas más grandes que influyen sobre nosotros. Piense en Mercurio como un pequeño luchador con un ingenio relampagueante, un hábil comunicador de su grupo de amigos.

El glifo de Mercurio es un círculo con una cruz en la parte inferior y una luna creciente en la parte superior. Es como el glifo de Venus e indica la fuerza y los rasgos femeninos.

Mercurio está en exaltación en Virgo

En Dignidad en Géminis y Virgo

En detrimento en Sagitario

En caída en Piscis

Se considera benéfico cuando está solo o con Tauro, Géminis, Acuario, Virgo y Capricornio. Cuando se asocia con los otros signos, puede ser maléfico.

Efectos benéficos

- Imitación: Son buenos imitadores y les encanta entretener a la gente con sus imitaciones.

- También adaptan las ideas de los demás y las hacen suyas. Se dan cuenta de que sus habilidades residen más en la recreación que en la creación de ideas originales.
- Saben cómo funciona el sistema y reclamarán cada céntimo que puedan al gobierno y a otros organismos. Al fin y al cabo, tienen derecho a ello. También encontrarán la manera de engañar a los bancos y evitar pagar los préstamos.
- Si tienen un negocio, son buenos asesores, ya que conocen todas las lagunas y evasiones fiscales conocidas. Son expertos en dirigir operaciones a nombre de otras personas y mantener sus nombres limpios en caso de que las cosas vayan mal.
- Utilizarán la ley para castigar a sus enemigos en lugar de enfrentarse a ellos cara a cara. Odian las críticas y pueden ser mezquinos con quienes se atreven a discrepar con ellos.
- Se centran en las finanzas e incluso cambiarían su identidad y dirección si eso significara beneficiarse de una herencia.

Efectos de Mercurio Maléfico

- No se puede confiar en ellos para que encuentren trabajo por sus medios. Necesitan que otra persona les lleve de la mano y les muestre dónde encontrar trabajo.
- No viajan solos, aunque se comunican bien en todos los idiomas.
- Proyectan un elevado nivel de conocimiento sobre cosas de las que apenas saben nada.
- Prefieren la comida rápida y no entienden el placer de comer fuera.
- Son desaliñados y no tienen el mejor régimen de higiene.
- Se creen imprescindibles en su trabajo y les encanta decir a la gente lo importantes que son.
- Mienten con presteza, e incluso cuando se les pilla en una mentira, seguirán manteniendo que dicen la verdad.
- No importa cuál sea el partido gobernante, no estarán de acuerdo con sus políticas y métodos.
- Hablan de sus ambiciones, pero viven al día en la realidad.

- Esperan que los demás simpaticen con ellos y muestren empatía, pero no tienen tiempo para los problemas o las dificultades de los demás.

Rasgos astrales

Otros rasgos que muestran las personas con Mercurio en su signo:

Mercurio crece y cambia cuando se encuentra con otros elementos, y lo mismo ocurre con las personas que lo tienen en su composición astrológica. Absorberán cualidades y habilidades de otros y las adaptarán a sus necesidades. Esto no es malo, siempre que reconozcan la fuente de la información y no intenten hacerla suya.

Son comunicadores natos y procesan con rapidez los pensamientos e ideas mentales para convertirlos en discurso. Su agudeza de ingenio y su inteligencia los convierten en una buena compañía, pero tienden a ser caprichosos. Les resulta fácil realizar varias tareas a la vez, y pueden ocuparse de varios asuntos siempre que no se les exija ser demasiado detallistas. Se aburren con los temas y siguen adelante sin terminarlos debidamente.

Su intuición y su pensamiento lógico hacen que sean adecuados para carreras relacionadas con el transporte, el comercio, el turismo, la logística y la tecnología. Los ladrones y embaucadores también suelen tener una fuerte conexión con Mercurio. Tienen un temperamento fuerte, pero no guardan rencor.

Al estar tan cerca del Sol, es un elemento reforzador que fomenta la autoexploración y el desarrollo. Cuando se combina con otros signos, produce lo siguiente:

Con agua, los signos refuerzan la empatía y aumentan la intuición emocional.

Los signos de fuego hacen que las personas precavidas sean más audaces y hacerse oír. Les da un fuerte sentido de la confianza en sí mismos y les ayuda a ser más abiertos con los demás.

Los signos de Tierra enseñan a la persona a concentrarse más y a soñar menos despierta. Fomenta que aflore el lado práctico de su personalidad.

Los signos de Aire fomentan una personalidad más expresiva, capaz de hablar con rapidez y seguridad.

Deidades asociadas con Mercurio

Hay una deidad especialmente importante que se corresponde con Mercurio: Hermes, el exaltado mensajero divino. La magia hermética es la creencia de que existe el monoteísmo, pero describe los tres reinos del entendimiento y promueve ciertos métodos de pensamiento. La filosofía principal incluía la frase «como es arriba es abajo» que ya hemos tratado, pero hay otros puntos clave que pueden resultarle interesantes.

La creación es buena y el estancamiento es malo. Esta es una de las partes más polémicas de las enseñanzas herméticas que sugieren que sólo Dios es verdaderamente bueno. Los humanos tienen formas físicas y siempre estarán centrados en las necesidades materiales más que en las mejoras espirituales. La fuente de las ideas puede ser tanto buena como mala, por lo que la fuente es la clave para vivir una vida mejor.

Dios es «Todo»: Esta afirmación refuerza la creencia de que, por muchos espíritus o ángeles que creamos que haya, Dios ha trascendido la realidad y es la realidad.

Hay una única verdad: El mismo principio alimenta todas las creencias, sea cual sea su religión. Las enseñanzas herméticas sostienen que hay una sola verdad que toda la humanidad debe seguir.

La reencarnación: Los textos herméticos contienen pruebas escritas de creencias en la reencarnación; todos vivimos muchas vidas en la Tierra para alcanzar una relación más estrecha con el ser Divino, Dios.

En la religión hindú

Ganesh tiene múltiples epítetos, como el Dador del Buen Consejo, el Maestro de la Prudencia y el Amigo de Todos.

En las creencias egipcias, Mercurio está asociado a Seshat, la diosa del Cielo y Señora de los Personajes Sagrados. Era la encargada de registrar el paso del tiempo y de establecer la alineación celeste.

En la mitología nórdica

Mercurio está asociado al poderoso Odín, el Padre de todos los Dioses y Hombres. Era el formador de los Wyrds y existía en un plano mental que trascendía la Tierra y buscaba constantemente la sabiduría y el conocimiento. Sacrificó un ojo en el pozo de Mimir para adquirir más conocimientos, y su destino quedó sellado cuando se ahorcó por convertirse en el maestro de las Runas Antiguas.

Loki también está vinculado a Mercurio, ya que ambos están imbuidos de cualidades embaucadoras. Comparten una energía que puede ser divertida y a la vez frustrante, y a menudo los demás les distraen de sus objetivos originales.

Mitología celta

Esus, también conocido como Galo, era el dios de los sacrificios humanos y estaba asociado con Mercurio y Marte. Se le representa con un hacha y se le considera un leñador en términos mitológicos. Su animal sagrado es el toro.

Asociaciones de Mercurio

Su poder femenino se relaciona con el color masculino azul, pero con tonos más suaves. También le favorecen el gris paloma con motas azules, el azul cielo, el azul claro y el violeta.

Trabaje con diamantes, jade, jaspe, topacio, turmalina y ópalos para fortalecer su magia.

Las hierbas para incluir en su trabajo son la casia, eneldo, hinojo, avellana y musgo irlandés.

Aceite de mercurio

Toma una parte de perejil, dos de eneldo y tres de hinojo. Triture las hierbas o semillas en un mortero antes de añadirlas a un aceite portador, como el de oliva o el de almendras. Úselo para ungir sus velas y altar u otras herramientas mágicas.

Palabras clave asociadas con Mercurio

- Razonamiento
- Comunicación
- Exploración
- Inteligencia
- Conocimiento
- Patriotismo
- Cultural
- Independiente
- Reflexivo
- Estratégico

- Astuto
- Sagaz
- Palabra escrita
- Coloquial
- Expresivo
- Cotilleo
- No fiable
- Memoria
- Lógico

Animales correspondientes a Mercurio

El Zorro

Astuto y rápido, este animal enjuto encarna el espíritu de Mercurio. Viven cerca, pero a menudo son invisibles hasta que causan estragos en su casa. Roban huevos, matan gallinas delante de sus narices y se escapan como el viento. Los zorros también son escurridizos y apenas dejan rastro.

La serpiente

La mayoría de la gente teme a la serpiente, pero ésta representa el renacimiento, ya que las serpientes pueden mudar de piel y emerger como nuevas criaturas. También representan el equilibrio y la diplomacia, que le ayudan a no juzgar. Es un animal vigilante e intuitivo que enseña a mantenerse con los pies en la tierra, incluso en circunstancias caóticas.

Si sueña que una serpiente le muerde el brazo o la pierna, puede ser señal de una pérdida financiera. Si la serpiente lo persigue, significa que hay alguien en su vida que hace saltar las alarmas. Soñar que mata a una serpiente significa que se está haciendo más fuerte y que pronto superará los problemas de su vida.

Nadar con serpientes en sueños significa que, por el momento, sigue la corriente de los demás y eso le parece bien. Si una serpiente le envuelve el cuerpo, significa que está frustrado por la vida y necesita liberarse de la represión.

La hormiga

Esta diligente criatura no llega a ninguna parte si no se esfuerza. Puede que sea diminuta, pero tiene una fuerza inmensa y puede realizar grandes hazañas. Es un animal social que trabaja mejor en equipo, aunque también puede ser eficaz en solitario. Si sueña con hormigas, significa que está abrumado por pequeñas molestias que se están convirtiendo en un gran problema en su vida. La hormiga le dice que se ocupe de las cosas pequeñas y arregle los pequeños problemas.

La araña

Otra criatura laboriosa, la araña simboliza la paciencia, la creación, el crecimiento interior y la creatividad. Es la personificación de la creación de belleza a partir de los materiales más básicos. También, de planear la vida. Como tienen varios ojos, simbolizan la precaución y un sentido natural del peligro. Sabe que el mundo es peligroso, pero sabe cómo sobrevivir.

Tiene una excelente coordinación y le encanta organizar su casa, su vida y a los demás. Tiene un toque suave y es amable incluso cuando es firme con los demás. En sueños, las arañas representan una falta de participación en la vida social. Salga ahí fuera y sea usted mismo en lugar de esconderse en las sombras.

El mono

Juguetón pero inteligente, el mono es una criatura amable y curiosa que prospera en familia. Tiene un fuerte sentido de pertenencia y disfruta de una libertad indomable sin dejar de respetar los edictos sociales. Como su animal espiritual, significa su habilidad para hacer bromas y entretener a sus muchos amigos, pero a veces puede ser insensible y herir sus sentimientos.

El mono es una criatura amistosa que puede ponerse a la defensiva o agresiva cuando se siente amenazada. Tiene un fuerte sentido de la comunidad y protegerá con su vida a los que ama. Si sueña con monos, puede que sea el momento de ponerse serio y dejar su naturaleza juguetona en casa, donde puede ser tan tonto como quiera.

El coyote

El coyote, el embaucador del mundo natural, simboliza su entusiasmo e intrepidez. Los coyotes están llenos de una fuerte inteligencia unida a un carácter infantil que le ayudará a encontrar la magia de la vida a través de caminos que pueden estar ocultos en ese momento.

Es rápido de reflejos y está decidido a encontrar lo positivo en todas las situaciones. Cuando comete un error, no tarda en reconocerlo y reírse de sí mismo antes de volver a intentarlo. Jugar bromas pesadas es una de sus especialidades, y a veces puede llevarlas demasiado lejos. Si sueña con un coyote, puede indicar un cambio espiritual en alguien que conoce; ¿le están engañando? Podría ser una señal de deslealtad por parte de otros.

Cómo trabajar con la energía de Mercurio

El mejor día para trabajar con Mercurio es el miércoles, pero no olvide recurrir a él siempre que sienta que tiene problemas con la comunicación. Las energías divinas están disponibles siempre que las necesite.

Haga hechizos de comunicación

1. Tome una hoja de papel amarillo y algunas velas celestes.
2. En el papel, escriba el nombre de la persona con la que le cuesta conectar.
3. Doble el papel tres veces mientras repite la frase: «La falta de comunicación debe desaparecer para siempre; con este hechizo, me entenderán».
4. Ahora selle el papel con un poco de cera de la vela y guárdelo como si fuera una carta cerrada.
5. Bendígalo con aceite de Mercurio y repita esta frase «Las ideas y palabras fluirán hacia mí, ayúdame a decir mis palabras, la verdad y el amor los doy gratis; vuelan de mí como pájaros».
6. Llévelo consigo y úselo cuando sienta que necesita ayuda para que le entiendan.

Hechizos para que lo llamen

1. Repita el último conjuro, pero escriba el nombre de la gente o persona que quiere que le llame.
2. Cuando haya bendecido el papel, entiérrelo bajo su árbol favorito y bendiga la tierra con aceite de Mercurio.

Hechizos de Manipulación

Mercurio es una energía poderosa para manipular a alguien y doblegar su voluntad. Recuerde, la magia nunca debe ser usada para causar daño o conseguir el consentimiento de alguien que no quiere darlo, pero puede ser usada para darles un suave empujón y mostrar las cosas desde otra perspectiva.

1. Utilice velas azules y su piedra favorita relacionada con Mercurio para establecer el tono.

2. Componga un canto sobre lo que quiere, o a quién necesita manipular y repítalo hasta que la vela haya ardido durante cinco minutos.
3. Tome la vela y la cera, envuélvala en un pañuelo o tela blanca y guárdela en un lugar sagrado.
4. Cuando el hechizo haya funcionado, oculte el paquete en la tierra.

Utilice la meditación para conectar con la energía de Mercurio

La energía astral le ayudará a ser más hábil para comunicarse y a convertirse en una persona más eficaz. Las meditaciones de Mercurio retrógrado están especialmente diseñadas para ayudarle a convertirse en una persona de gran empatía. El término retrógrado hace referencia a palabras sobre las que debe reflexionar, y que le proporcionarán una forma de mediación.

Siga estos sencillos pasos para conectar con Mercurio y formular sus preguntas pertinentes.

Paso uno: Póngase cómodo y despeje su mente. Respire profundamente hasta que pueda oír y sentir los latidos de su corazón.

Segundo paso: Compruebe sus reacciones: Prepárese para dar un gran paso atrás si ocurre algo indeseable. Este tipo de meditación puede suponer un reto.

Tercer paso: Compruebe que su chakra de la garganta esté relajado. Mercurio se relaciona con su chakra de la garganta, así que prepárese para cierta tensión allí. Asegúrese de tomar una bebida relajante.

Cuarto paso: Recuerde quién es y cuál es el propósito de su vida. Esto puede suponer un reto, ya que nos vemos tan atrapados en nuestras rutinas diarias que perdemos de vista lo que realmente queremos. Pregúntese cuál es su verdadero propósito y si va por buen camino.

Quinto paso: Reflexione y descanse. Dedique tiempo a usted mismo, ¿o está tan atrapado en la vida que no tiene tiempo para usted? Añada más actividades relajantes a su agenda. Añada una cita nocturna si tiene pareja, o simplemente dedique tiempo a usted mismo. Respire hondo y recuerde por qué necesita recargarse y ordenarse.

Sexto paso: Diviértase. Elabore un nuevo plan de vida que incluya actividades divertidas. Sea creativo e inicie nuevos proyectos. Recuerde lo que le gustaba de niño y vuelva a probar esa actividad. Los libros para colorear y los juegos sencillos, como saltar la cuerda o el hula hula, son la forma perfecta de revivir su infancia.

Por último, acuérdese de meditar y relajarse más, esté donde esté y tenga el tiempo que tenga. No hace falta tener la mente tranquila para meditar. Sólo necesita un par de minutos para desconectar. Recuerde que Mercurio y sus energías le ayudarán a descubrir la alegría de la comunicación interior y las formas más tradicionales de relacionarse con los demás.

Capítulo 6: Marte, el líder victorioso

Marte
ESA & MPS para el equipo OSIRIS MPS/UPD/LAM/IAA/RSSD/INTA/UPM/DASP/IDA, CC BY-SA IGO 3.0, CC BY-SA 3.0 IGO <https://creativecommons.org/licenses/by-sa/3.0/igo/deed.en>, vía Wikimedia Commons:
https://commons.wikimedia.org/wiki/File:OSIRIS_Mars_true_color.jpg

El planeta Marte representa la esencia misma del ser. Su glifo es un círculo con una flecha apuntando hacia la parte superior derecha del cielo y simboliza la voluntad humana reforzada con la flecha del deseo. El planeta rojo, llamó a los humanos a visitarlo durante años y, cuando finalmente conseguimos aterrizar un vehículo en la superficie, no decepcionó. Puede que solo tenga la mitad del tamaño de la Tierra, pero cuenta con impresionantes valles y picos que hacen de su superficie un terreno salvaje y maravilloso.

En astrología y magia, Marte está lleno de pasión y energía dinámica. La energía que genera inspira auto confianza y la creencia de que todo lo que se desea se puede conseguir. Es una energía autocomplaciente que se defiende con vigor y que ayuda a conseguir lo que se desea.

  Marte está en exaltación en Capricornio
  En dignidad en Aries y Escorpio
  En detrimento en Libra
  En caída en Cáncer

Cuando es dominante en signos de agua, hace a las personas propensas a una fuerza de voluntad débil, incluso si se encuentra en un signo de voluntad fuerte como Cáncer

En signos de fuego provoca periodos de ira y pasión. Influye en las personas haciendo que lleven la seguridad en sí mismas un paso más allá y pueden volverse agresivas. También puede dar origen a relaciones perturbadoras que comienzan con una pasión absorbente y terminan con angustia.

Cuando está en el elemento tierra, hay una pasión más latente hirviendo bajo la superficie, pero que es explosiva cuando se verifica. Marte siempre tiene una furia oculta, pero cuando se combina con la tierra, produce la respuesta del instinto de supervivencia para luchar hasta la muerte.

En cuanto a los signos de aire, Marte influye más en las pasiones mentales que en las físicas. Inspira a aprender más y planificar el futuro. Las personalidades son propensas a volverse temperamentales y a encontrar defectos en todo.

Cuando Marte es benéfico en su carta natal o en su signo ascendente, significa que se volverá más fuerte físicamente y más seguro de sí mismo. Influirá en su potencial y le dará más confianza para alcanzar sus objetivos.

Si es desfavorable, será incapaz de expresar sus emociones y se volverá tímido e introvertido. Sus necesidades sexuales y su naturaleza competitiva se verán reprimidas y se sentirá frustrado. Estos periodos maléficos le brindan la oportunidad de trabajar en estos temas, superar la frustración y volverse más extrovertido. Puede que no sea el mejor momento para usted, pero a Marte le gustan los retos y le encanta que encuentre su espíritu y trabaje en su crecimiento personal.

Los antiguos se referían a Marte como el «maléfico menor» y atribuían al planeta accidentes, tiempos de crisis y desgracias.

A veces Marte es intimidante, pero tiene buenas intenciones. Su entusiasmo y su personalidad ambiciosa hacen que lo impulse, incluso si usted es reacio. Físicamente, se manifiesta como un joven fuerte, con un físico impresionante y una superficie rojiza. Es colérico e irascible, pero también indulgente.

Deidades relacionadas con Marte

En primer lugar, echemos un vistazo al dios romano Marte, que personifica al planeta.

Era apuesto, pero vanidoso, y los demás dioses no se impresionaban y le tenían aversión.

Su vanidad lo llevó a casarse con una diosa vieja y fea, que se hizo pasar por la diosa Minerva.

Su símbolo era un escudo sagrado.

Era el dios de los soldados y de la guerra.

Fundó Roma.

Era hijo de Júpiter y Juno.

Otras divinidades

En la mitología griega

Ares, el señor de la guerra e inspirador de hazañas, era uno de los doce dioses olímpicos e inspiraba sentimientos encontrados entre sus seguidores. Reconocían su fuerza y su valor físico, pero su pasión por la violencia y su sed de sangre les hacían desconfiar de su poder. Hay muy pocos templos en su honor, en comparación con su hermana Atenea, venerada y amada por su estrategia y compasión.

Ares fue humillado a menudo por los demás dioses y tuvo muchas aventuras con las esposas de otros. Zeus se refirió a él como el «mentiroso de doble cara» y «el más odiado de todos los dioses» tras su pobre actuación en la batalla de Troya.

En la mitología romana

Marte se asociaba a menudo con Vulcano, el dios del fuego. Se alía con las ninfas para combinar calor y agua y crear un poder protector contra las erupciones volcánicas y las intrigas. Protege las ciudades y sus alimentos y a menudo se le representa fundiendo metales en su horno sagrado.

En la mitología babilónica

Nusku era el dios de los volcanes y el exaltador de la antorcha sagrada. Lleva un cetro brillante y se le representa bañado en una luz espiritual que trae el fuego para iluminar la oscuridad de la raza humana.

En la mitología hindú

Agni, dios de dos caras, siete brazos y tres piernas, que surca los cielos montado en un carnero, está asociado a Marte. Respira fuego y utiliza hachas, cucharas y abanicos espirituales para distribuir bendiciones espirituales.

En la mitología egipcia

Marte está asociado al dios Horus de Edfu, con cabeza de halcón. Es el responsable de mantener en su lugar las cadenas de la oscuridad y también es el señor de la forja. Es feroz en la batalla, lleva una corona doble que combina los reinos del alto y bajo Egipto y luce falda escocesa y armadura de combate.

En la mitología celta

Los celtas admiraban a los guerreros y Marte representaba las personalidades guerreras más exitosas y brutales. Muchas deidades celtas están asociadas a él, entre ellas Babd, miembro de las Morrigan, que eran tres diosas de la batalla. Es representada por un cuervo que gotea sangre del pico. Marte tiene los mismos rasgos que Cocidus, el dios de la guerra; Medb, la diosa irlandesa de la guerra; y Belatucadros, el dios británico de la destrucción.

En la mitología nórdica

Marte está asociado con Thor, dios del trueno e hijo de Odín. Es el más bárbaro de los dioses nórdicos y surca el cielo con su poderoso carro tirado por cabras.

Palabras clave para describir la energía de Marte

- Entusiasmo
- Energía
- Pasión
- Cólera
- Determinación
- Fuerza de voluntad
- Obstinación
- Inspiración
- Valentía
- Coraje
- Impulsividad
- Intimidación
- Agresividad
- Liderazgo
- Acción
- Valor
- Conspiración

Trabajar con Marte

Las asociaciones elementales incluyen cristales rojos y piedras como el rubí, la piedra de sangre y el granate. Está fuertemente asociado con el metal, especialmente con el hierro, y es el signo dominante para los metalúrgicos, herreros y otras profesiones relacionadas con los metales comunes.

Los alimentos incluyen combinaciones de sabores agrios y acres. La mayoría de los signos dominados por Marte no son golosos. En cambio, prefieren los platos picantes y especiados. El ajo, la mostaza y los pimientos son sus favoritos, y el alcohol y las carnes rojas orgánicas aumentan las energías de Marte, pero también pueden entorpecer sus intuiciones espirituales.

Animales asociados a Marte
El escorpión
Al igual que el planeta, usted puede tener una relación especial con este animal, pero siempre debe tener cuidado con el aguijón en la cola. Los escorpiones son protectores y creativos, pero hay que vigilarlos, al igual que la energía de Marte.
La avispa
Otra criatura que puede causar dolor con su aguijón, pero también representa la inteligencia y el trabajo en equipo. Trabajan juntas para crear una comunidad productiva y tienen increíbles habilidades de comunicación.
El carnero
Distante y transformador, el carnero tiene unos cuernos impresionantes para proteger a su familia. Son animales a la vez agresivos y sensibles, con un sentido de la vista que supera lo habitual.
El buey
La fuerza y la lealtad son sus rasgos y tiene una energía arraigada que emana de su tamaño y poder.
El caballo
Su sentido innato de la libertad y la aventura resume la energía de Marte, mientras que su amistad y lealtad muestran su lado más compasivo. Los caballos son sinónimo de movilidad e independencia y muestran las intenciones de liberarse de una rutina aburrida.
El lobo
Marte es un compañero fuerte, al igual que el lobo. Trabaja bien solo o en manada y permanece a su lado cuando lo necesita. Tiene un lado espiritual compasivo que funciona bien cuando se combina con instintos protectores.

Trabajar con Marte en rituales y hechizos
La Tabla de Marte
Una tabla de números que contiene cinco filas de cinco números que suman sesenta y cinco en cada fila y trescientos veinticinco en total se usa como texto sagrado para proteger el poder de Marte. Utilícela para hacer más seguro su hogar o para bendecir sus objetos sagrados. Grabada en

metal, da a los hombres la potencia para ganar batallas y expulsar a sus enemigos. Ahuyenta a las bestias venenosas y aterroriza a los potenciales enemigos.

Hechizos poderosos para ganar discusiones o batallas legales

La energía de Marte se trata de mantenerse firme y ganar batallas, pero eso no siempre implica combates físicos. En la sociedad moderna, muchas de nuestras batallas son legales o tienen que ver con documentos. Invoque el poder de Marte con estos potentes hechizos para salir victorioso en asuntos legales o de negocios.

Primer hechizo de magia con velas

Lo que necesita:

- Dos hojas de laurel.
- Dos velas rojas.
- Miel cruda.
- Copias de los documentos relacionados con su asunto.
- Un encendedor.
- Cinta dorada.

Instrucciones:

1. Unja las velas con miel.
2. Colóquelas en portavelas y enciéndalas mientras pronuncia la siguiente frase:

    «Por el poder de Marte, pido su ayuda para que desaparezcan mis problemas y que mi futuro sea exitoso. Libérame de las pruebas y tribulaciones que me persiguen».

3. Ahora coloque las dos hojas de laurel sobre los documentos y átelas con la cinta dorada para formar un sobre.
4. Selle los bordes con la cera de las velas y declare el resultado deseado.

Segundo hechizo, hechizo con vinagre para la justicia

Lo que necesita:

- Un trozo de papel.
- Un bolígrafo rojo y uno negro.
- Una vela roja.
- Vinagre blanco.

- Un plato ignífugo.

Instrucciones:
1. Cuando tiene una disputa o un asunto legal, es esencial tener en cuenta las dos partes. Escriba en el papel con el bolígrafo negro de qué se trata y de qué se le acusa. Incluya las calumnias o acusaciones falsas y las que puedan tener algo de verdad.
2. Dele la vuelta al papel y escriba su verdad con el bolígrafo rojo: toda la verdad y nada más que la verdad, parafraseando el lenguaje jurídico. Sea sincero con lo ocurrido y muestre remordimiento cuando sea necesario.
3. Vierta un poco de vinagre en sus manos mientras dice lo siguiente:

    «*Marte, poderoso líder, pido ayuda para conseguir la verdad y la justicia que busco. Sé el poder detrás de mi lucha y ayúdame a salir victorioso*».
4. Mantenga el papel entre las manos hasta que se absorba el vinagre y, a continuación, enciéndalo con el encendedor. Deje que las cenizas caigan en el plato ignífugo hasta que el papel se haya quemado por completo. Esparza las cenizas por el suelo en el exterior o bajo su árbol favorito.
5. Este hechizo debería ser efectivo durante todo un mes. Si su problema, caso judicial o discusión dura más que esto, repita el hechizo para asegurarse de que siga siendo efectivo.

El ritual perfecto para atraer el poder de Marte

El martes es el día perfecto para conectar con el planeta Marte y este es un ritual sencillo de realizar que lo conectará con el coraje y la fuerza del planeta.

Lo que necesita:
- Una vela roja.
- Un portavelas elegante de hierro negro.
- Un clavo negro para tallar en la vela.
- Piedras asociadas a Marte, como el rubí, el granate o la piedra de sangre.
- Pimienta de Jamaica.
- Canela.
- Ajo.

- Semillas de mostaza.
- Encendedor.
- Un altar plano o una mesa para realizar el ritual.
- Adornos rojos.

Instrucciones:
1. Prepare su altar con los adornos rojos y haga que resulte cálido y atractivo. Coloque el candelabro sobre la mesa para acceder a él fácilmente.
2. Grabe la vela con su nombre y lo que quiere conseguir. Utilice símbolos o palabras sueltas para evitar confusiones. Haga un agujero en el centro de la vela y espolvoree en él algunas de sus especias antes de fijarlas bien con la cera.
3. Utilice el resto de las especias para decorar la base del portavelas y proteger su trabajo.
4. Encienda la vela y observe cómo la cera rueda por la vela y se acumula en su portavelas mientras repite la siguiente frase:

   «Señor Marte, te doy la bienvenida a mi lugar sagrado, concédeme el poder de vivir una vida llena de coraje y pasión.

   Ayúdame a librar mis batallas con pasión y bondad, sean grandes o pequeñas, y a proteger mi virtud y mi reputación.

   Atrae el éxito a mi hogar y desvía el daño y el temor. La vela arde y los espíritus giran; pido que comience este ritual de magia».
5. La vela debe consumirse por completo, lo que puede llevar varios días. Asegúrese de que ese número sea impar, así que tómese tres, cinco o siete días, dependiendo de cuánto tiempo pueda vigilar la vela a diario.
6. Cada vez que vuelva a encender la vela, diga: *«Mientras la vela se vuelve a encender, haz que mi magia vuelva a encenderse».*

Cree un filtro para el coraje

Los filtros son pociones mágicas, y este está diseñado para atraer la energía de Marte y aportar coraje a su trabajo. Prepare la poción un martes para tener más fuerza y úsela siempre que necesite añadir el poder de Marte a su magia.

Lo que necesita:
- Una botella roja de cristal.
- Dos tazas de aceite portador, como aceite de almendras o de oliva.
- Un gotero.
- Aceite esencial de cítricos.
- Aceite esencial de pimienta negra.
- Aceite de jengibre.
- Canela.
- Hojas secas y molidas de acebo.
- Hojas de albahaca fresca.
- Un trozo de granate rojo o piedra de sangre.
- Una cinta roja y una negra.
- Un pequeño talismán del ojo de Horus.

Instrucciones:
1. Añada el aceite portador a la botella y, a continuación, utilice el gotero para añadir los aceites esenciales.
2. Déjese guiar por su instinto y añada las cantidades que considere adecuadas para su poción.
3. Añada la piedra y los demás ingredientes frescos.
4. Cierre el frasco y agítelo suavemente antes de ponerlo al sol.
5. Limpie el exterior de la botella y átese las cintas al cuello.
6. Coloque el talismán y etiquétalo si tiene más de un filtro en su lugar de magia.
7. Ahora sostenga la botella y visualice cómo utilizará sus nuevos poderes para mejorar su vida y tener más éxito. Imagíneselo en el ojo de su mente y visualícelo fluyendo dentro de la botella.
8. Repita estas palabras para que la poción se llene de energía:

    «Esta pócima del martes es mía

    Me aporta fuerza y poder,

    soy fuerte y valiente y no me echaré atrás

    nadie me robará mi momento».

9. Ahora, limpie su espacio y a usted mismo antes de guardar el filtro en un lugar oscuro y fresco.
10. Dé un paseo por la naturaleza para conectarse a tierra y reconectar con el plano terrenal.
11. Saque el filtro del espacio siempre que necesite el poder y el valor de Marte.

Capítulo 7: Venus, amor y lujo

La mención de Venus evoca imágenes de amor, pasión, deseo y belleza. Este planeta es el segundo en distancia del Sol y tiene aproximadamente el mismo tamaño que la Tierra. Es el planeta más brillante de nuestro sistema solar, aparte de la luna y el sol, y a menudo se le conoce como el lucero del alba. La superficie del planeta es completamente diferente a la de la Tierra y es bastante hostil, sin océanos y con una atmósfera pesada compuesta de dióxido de carbono y con un contenido de humedad prácticamente nulo.

El glifo de Venus es el círculo del espíritu sobre la cruz del yo, que representa la verdadera unión del cuerpo y la mente. Venus es el planeta del amor verdadero y de la unión potencial del alma.

En exaltación, cuando está en Piscis

En detrimento, cuando está en Aries

En dignidad, cuando está en Tauro y Libra

En caída cuando está en Virgo

Venus se concentra menos en la pasión física, que es el dominio de Marte, y se asocia más con la armonía, el amor, la sociabilidad y las relaciones románticas equilibradas.

Venus benéfico

Cuando Venus es benéfico en la casa de una persona, indica riqueza, éxito y posiciones influyentes en la sociedad. Lo más probable es que esta persona haya progresado desde comienzos humildes hacia cosas mayores y que disfrute de éxito en su campo. Estrellas de cine, músicos, diseñadores, modelos y líderes carismáticos suelen tener a Venus en una posición benéfica.

A menudo tienen su atención centrada en sí mismos y tienden a olvidar los cumpleaños, aniversarios u otras ocasiones que no tienen que ver con ellos. Sus familiares y amigos se sienten ignorados y dejados de lado a medida que van teniendo más éxito. Ni siquiera sus cónyuges e hijos pueden cambiarles y carecen de valores morales comunes.

Valoran mucho la puntualidad y esperan que los demás hagan lo mismo. Profesan ser espirituales y predican a los demás, pero son materialistas y se centran en la riqueza y las adquisiciones personales.

Venus maléfico

Cuando Venus es maléfico en la casa de una persona, ésta se siente cómoda, pero no tiene éxito. Corta los lazos con su historia familiar y se centra más en su existencia presente a medida que envejece. Sus talentos incluyen la falsificación y la creación de contenidos para otros. Siempre ganan lo suficiente para salir adelante, pero nunca están llenos de ambición.

La adicción y los excesos siempre forman parte de su vida y a menudo no consiguen mantener relaciones satisfactorias. Son perezosos e irresponsables, pero aun así se ganan el respeto de sus hijos, que los quieren a pesar de ello.

Venus también está relacionado con una energía extrema que puede causar desastres y los antiguos a menudo sacrificaban a seres humanos para apaciguar su furia. Creían que cuando se enfadaba y se le rompía el corazón, provocaba inundaciones y relámpagos que partían montañas y creaban llamas que aterrorizaban las tierras altas.

Deidades relacionadas con Venus

En la mitología griega

Afrodita es quizá la diosa más famosa asociada a Venus. Se dice que nació en Pafos, en la isla de Chipre, y que surgió de la espuma de las aguas azules en las que Cronos arrojó los genitales de su padre asesinado, Urano. Entre sus compañeros sentimentales y sexuales había dioses y mortales y su belleza era tan impresionante que provocó una guerra entre los dioses.

Se vio obligada a casarse con el feo y deforme dios Hefesto, pero tuvo hijos con muchos amantes, entre ellos Ares, Poseidón, Adonis y Hermes. Era la diosa de la belleza y la fertilidad y se la consideraba una de las más poderosas de la mitología griega.

En la mitología babilónica

Inanna era la diosa más importante de la religión sumeria y representaba tanto el amor como la guerra. La diosa aparecía en muchos mitos asociados con Mesopotamia y, según se dice, fue quien trajo la cultura a la sociedad. Inanna era representada como una joven hermosa que reconocía que su poder reside en su apariencia y su inteligencia, aunque nunca fue una esposa o madre fiel. Su energía se asocia más con la feminidad temprana, que toma amantes a voluntad y es feroz y valiente.

En la mitología egipcia

Isis era una diosa importante en el antiguo Egipto, pero a menudo se la representaba como humana. Su papel de esposa y madre la hacía más accesible que otras diosas y era la viuda afligida del dios Osiris. Su inteligencia y poder de comunicación la hacían más poderosa que mil soldados.

El culto a Isis se extendió por toda Europa y los romanos la veneraron hasta que el emperador Augusto prohibió esta práctica como parte de su intento de persuadir a los romanos para que siguieran a los dioses romanos. Muchas tradiciones paganas la han resucitado para convertirla en su diosa patrona y adquirir su fecundidad y conocimiento en los tiempos modernos.

En la mitología nórdica

Frigg es la esposa de Odín y la diosa más venerada de los Aesir. Representa los aspectos más femeninos de la magia, como el hogar, la maternidad, el amor y las artes domésticas. Su amor maternal era célebre, y las mujeres que la adoraban la rodeaban cuando celebraba la corte. Frigg cabalgaba por la noche en un magnífico carro tirado por gatos y era famosa por llegar a tierras que hasta entonces habían permanecido inexploradas.

Sus símbolos son la rueca y el muérdago y representa la figura materna por excelencia. Intentó salvar la vida de su hijo alterando el destino, pero no pudo evitar que muriera prematuramente. Conocida como la madre de Asgard, tiene fuertes vínculos con la deidad romana Venus.

Elementos de Venus

Está vinculada a los colores verde, rosado, blanco, turquesa, púrpura, azul y plateado.

Cristales asociados a Venus

Calcita: Piedra responsable de duplicar la energía y amplificar la confianza. Se considera un multivitamínico para el alma, aumenta el vigor y la vitalidad. Úsela para conectar con la parte hedonista de su personalidad y aumentar el deseo por la vida y todo lo que otorga.

Celestita: Utilice este cristal para calmarse cuando se enfrente al estrés o la calamidad. Conecta directamente con la energía de Venus cuando se utiliza en rituales y aporta su cualidad femenina nutritiva a los trabajos. Tiene una alta vibración que trae paz y calma a las situaciones más problemáticas.

Esmeralda: Es la piedra del éxito en el amor y el romance, la esmeralda también mejora otras relaciones. Puede regalarla para cimentar amistades platónicas o utilizarla para reforzar el amor propio y la confianza en sí mismo. Utilícela para mejorar su comprensión emocional e iniciar el camino del autodescubrimiento.

Turmalina verde: Poderosa piedra curativa vinculada al chakra del corazón. Tiene energía masculina para curar heridas físicas y una fuerte energía femenina para aliviar las cicatrices emocionales y espirituales.

Malaquita: Piedra poderosa que resuena con los aspectos femeninos de la salud. Ayuda a equilibrar los problemas del sistema reproductor y a aliviar traumas menstruales. Utilícela para canalizar la energía de Venus y curar sus males o simplemente para fortalecer sus órganos internos.

Palabras clave para describir la energía de Venus

- Afinidad
- Amor
- Pasión
- Deseo
- Lujuria

- Belleza
- Atracción
- Deseo desenfrenado
- Feminidad
- Vanidad
- Obsesión por sí mismo
- Satisfacción
- Ambición
- Lazos familiares
- Energía femenina
- Autoimagen
- Erotismo
- Aventura
- Intimidad
- Celos
- Relaciones de pareja
- Complicidad

Animales espirituales relacionados con Venus

El elefante

Fuerte, magnífico y digno. Las hembras de elefante son famosas por sus dotes maternales y las manadas de elefantes protegen ferozmente a sus crías. El elefante forma parte de la familia real de la naturaleza y es regio pero accesible.

La paloma

El símbolo de la paz y la tranquilidad, la paloma, puede no parecer una elección natural para Venus. Sin embargo, simboliza el amor y la devoción que forman parte de sus relaciones e inspira a sacrificar el propio ego para lograr la unión perfecta. Es el símbolo de la comunicación y la dulzura.

El pavo real

Con su plumaje brillante y su inmenso sentido del amor propio, el pavo real es la representación perfecta de la energía de Venus. Se exhibe para atraer el amor y no teme mostrar sus intenciones. Si se siente atraído por el pavo real, debe trabajar su autoestima y ser más receptivo al amor y a la atracción.

La oveja

Si se encuentra en sintonía con la oveja, significa que es más probable que le atraigan las relaciones compasivas que las apasionadas. Le atraen las personalidades sensatas y quiere evitar el drama o la agitación.

La cabra

Fuerte y vigorosa, la cabra simboliza la fortaleza física y emocional. Trabaja bien en solitario y no teme dar la cara para conseguir lo que quiere.

Alimentos asociados a Venus

La mayoría de las personas con Venus fuerte en su casa son golosas, les encanta combinar el dulzor con algo ácido o astringente. El pollo agridulce o las combinaciones de miel y mostaza les encantan. Les encantan los dulces y los frutos secos y tienden a abusar de sus comidas favoritas. El vino dulce y los licores ocupan un lugar destacado en su lista de caprichos y a menudo los combinan con aperitivos salados. Los alimentos condimentados con aceites esenciales también son tentadores y la adición de hinojo, menta, albahaca o vainilla hace que sus platos sean más apetitosos.

Venus se asocia con fragancias como la madreselva, el jazmín, la lila, el mirto y otros aromas femeninos y las personas bajo su influencia suelen utilizar aceites esenciales y difusores en casa. Piense en femenino y obtendrá la esencia de Venus.

Hechizos de amor con el planeta Venus

El amor no se trata solo de chocar los genitales con su pareja, aunque sea placentero. El verdadero amor consiste en abrazar todas las cosas lujosas, opulentas, espléndidas y magníficas. Se trata de comer lo mejor y disfrutar de los tejidos más suaves y confortables en un entorno lujoso.

Nadie le promete que su vida se convertirá de repente en una vida llena de joyas, coches deportivos y casas sacadas de revistas. Puede atraer un mejor estilo de vida y adquirir las habilidades para apreciar lo que se le da. El amor tiene que ver con la felicidad, con satisfacer los deseos más salvajes y con acostumbrarse al placer.

Invocar a la diosa Venus y la energía que aporta es como obtener un pase VIP para la vida. Pídale que se una a usted y le ayude a conectar con sus artimañas femeninas y la fuerza que le aportan.

Invoque a la diosa y al planeta Venus con los siguientes métodos:

- Vístase para impresionar: Luzca un atuendo FABULOSO que grite «Mírenme AHORA» para mostrar sus intenciones.
- Cree un espacio sagrado con rosas, miel dulce, sus dulces favoritos, cristales y una vela roja, una rosada y una blanca.
- Tome un baño ritual con sus aceites esenciales favoritos y deje flotar pétalos de rosa en el agua. Elija las toallas rosadas o blancas más suaves para secarse y utilice cremas perfumadas para sentirse especial.
- Dibuje un círculo con tiza rosada o roja y pídale que entre.

Cree un sencillo perfume de amor lleno del poder de Venus

Los perfumes y las fragancias nos atraen. El olor de algo agradable y atractivo puede dejarlo atónito. Cree una fragancia de bajo nivel para dar el primer paso en el contacto con alguien que le interese.

Lo que necesita:

- Cuatro gotas de aceite de rosa.
- Una gota de aceite de lavanda.
- Una gota de aceite de mirra.
- Una gota de aceite de sándalo.
- Una gota de aceite de ylang-ylang.
- Veinte gotas de aceite portador, como aceite de oliva o de almendras.

Instrucciones:

Mezcle todo bien y apliqueselo con moderación sobre la piel cuando esté en presencia de alguien a quien quiera atraer. Si la persona es receptiva a su intención, le responderá. Si no siente ninguna atracción hacia usted, ni siquiera la poción más poderosa funcionará.

Hechizos con velas para el amor

Las velas son muy eficaces para la magia de amor y están disponibles en muchos estilos, colores y formas. Dependiendo de sus intenciones, aquí hay algunas de las maneras más eficaces de utilizar velas en sus trabajos de magia.

Las velas imagen se han utilizado durante generaciones para representar intenciones en la magia. Las velas masculinas y femeninas son el tipo más obvio de imágenes, pero se pueden utilizar otros tipos poderosos. Comenzaremos con velas ordinarias para los hechizos de amor y descubriremos cómo tallarlas para representar dos partes de una pareja.

Hechizos de amor con velas

Elija dos velas que lo representen a usted mismo y al objeto de su afecto. Pueden ser simples como velas rosadas, blancas o negras, o puede elegir colores que representen sus energías individuales. Las velas verdes, rojas, amarillas y naranjas funcionan igual de bien.

Escriba el nombre de las dos personas en las velas que las representan y unja las velas separadas con aceite.

Coloque las dos velas en un altar o espacio de trabajo adecuado y ponga una vela roja entre ambas. Encienda las tres velas y acerque las dos velas imagen a la vela roja mientras visualiza la unión que formarán.

Una vez que las dos velas imagen estén unidas a la vela roja, continúe observándolas arder mientras piensa en el objeto de su afecto y en su futuro. Una vez que las velas se hayan consumido, tome la cera y entiérrela en el jardín.

Hechizo para el compromiso matrimonial

Si ya está comprometido en una relación, este hechizo le ayudará a fortalecer los lazos y hacer su unión más fuerte.

Tome dos velas que lo representen a usted y a su pareja y únjalas con sus perfumes o esencias individuales. Coloque una foto de cada uno delante de las velas y átelas con una cinta roja.

Encienda las velas y diga lo siguiente:

> «Enciendo las llamas del amor y pido que la diosa Venus nos ayude a permanecer juntos con la luz de su amor. Mantén encendido el fuego del amor en nuestro hogar mientras tu brillante planeta brilla desde los cielos».

Deje que las velas ardan hasta que la cinta las una antes de apagar las llamas. Coja las dos velas y guárdelas en un lugar seguro. Si necesita reforzar el hechizo en el futuro, solo tiene que bajar un poco la cinta y repetir el hechizo.

Hay otros tipos de hechizos que puede hacer con velas. Todo el mundo sabe que el amor puede terminar tan rápido como comienza y que la mayoría de la gente experimenta al menos una ruptura en la vida y necesita seguir adelante. El amor y el romance son pasajeros y todos necesitan una ayuda para seguir adelante.

Los hechizos para rupturas se realizan utilizando las dos velas imagen de la misma manera que en los hechizos de amor, pero en este caso se alejan una de la otra. Coloque las velas imagen sobre un altar o una superficie plana y átelas con la cinta roja. Enciéndalas y retire la cinta mientras aleja la una de la otra.

Diga:

«Nos separamos como amigos y con amor más que con odio. Venus, bendícenos a ambos y sella nuestro destino, vivíamos como uno, pero ese tiempo ha terminado».

Mientras las dos velas se consumen, imagine cómo afrontará el futuro en solitario y vivirá aventuras como una sola persona.

Agarre los restos de cera y entiérrelos por separado.

Velas imagen comerciales

A medida que la magia y los trabajos espirituales se hacen más populares, han aumentado las fuentes de velas imagen. Puede comprar velas específicas para hacer sus trabajos más estructurados y señalar eficazmente sus intenciones.

Puede comprar velas de novios que parecen adornos de pasteles de boda. Las velas negras señalan el fin de una relación, mientras que las blancas se utilizan para fomentar el amor o atraer una proposición. Las velas de matrimonio rojas se usan con las velas imagen para hechizos que atraigan pasión, amor y vitalidad a las relaciones.

Las velas de abrazo son doblemente perversas y representan a una pareja abrazada. Se pueden utilizar para atraer de nuevo un amor que ha abandonado una relación o fortalecer los lazos. Las palabras y las intenciones determinan la eficacia de cada hechizo. Estas velas están disponibles sobre todo en rosado y rojo y son una fuente de energía positiva.

Las velas imagen ayudan a enfocar los hechizos y poner las intenciones claras. Utilice los colores y las imágenes con la fuerza de la convicción para hacer que sus trabajos sean más poderosos. Tiene los recursos, así que asegúrese de utilizarlos.

Colores de las velas y su significado

- El rojo es el color de la pasión y el ritmo. Utilice el rojo para que sus intenciones se cumplan más rápido y para atraer la pasión y el sexo a su magia.
- El verde es el color de la prosperidad y la suerte. Úselo para añadir dinero y riqueza a sus hechizos.
- El rosado es la energía suave de la felicidad, el romance, la pureza y las nuevas relaciones. Se utiliza para aportar ternura y satisfacción espiritual al trabajo y para calmar las emociones después de una disputa.
- Las velas negras señalan el final de algo. además de ser la portadora del amor, Venus se asociaba con la muerte. Las velas negras se utilizan para centrarse en cosas nuevas y dejar atrás el pasado.

Otras velas imagen que puede usar

- Las velas de calavera pueden parecer amenazadoras, pero son eficaces para leer la mente. Úselas para traer protección y curar enfermedades o lidiar con el dolor. Son efectivas para traer protección y cambios a su vida.
- Las velas de gato traen buena suerte a la magia. También atraen la energía de Venus a través de su asociación con Frigg y su magnífico carro tirado por gatos.
- Las velas de siete pomos están diseñadas para hacer más efectivos los hechizos diarios. Representan los siete días de la semana y se pueden utilizar individualmente o juntas, según las necesidades. Grabe intenciones y necesidades en las velas y enciéndalas el día requerido.

Capítulo 8: Júpiter, amplíe sus recursos

Venus atiende las necesidades emocionales, pero ahora es el momento de buscar ayuda para la abundancia y la expansión. La prosperidad y la riqueza son su objetivo, y Júpiter le ayudará. Es el rey de los planetas y el más grande del sistema solar. Júpiter era el rey de los dioses en la mitología romana y todas las plegarias pasaban por él. Gobierna los cielos con autoridad divina y es responsable del inframundo.

El glifo de Júpiter es una media luna relacionada con la luz de la materia. Las interpretaciones modernas incluyen una representación del número 24, que significa energía disponible siempre que se necesita.

Posee una energía sabia y es la máxima autoridad. Su gobierno es justo, expansivo y abierto. Júpiter tiene energía orgullosa y arrogante, pero aconseja con sabiduría y orgullo. Si Júpiter está presente en su signo, significa que le ayudará en su crecimiento astral para descubrir su potencial. Le animará a crecer y a resaltar las partes positivas de su personalidad.

Júpiter en signos de elemento agua anima a establecer relaciones y a aprender de nuevas experiencias. Muestra formas de ser más creativo e imaginativo.

En los signos de elemento fuego, estimula las ambiciones y anima a buscar un ascenso o a liberarse y convertirse en el propio jefe. Trae buena suerte en los retos y da confianza para probar cosas nuevas.

En los signos de elemento tierra incita a cambiar las reglas tradicionales y salir de la tendencia. No siga como una oveja; conviértase en alguien que cuestiona las normas y desafía a la autoridad. Júpiter también empuja a conseguir los propios deseos, material y espiritualmente. Eleva el nivel de vida y facilita el disfrute de los frutos del trabajo.

En los signos de elemento aire, ayuda a ampliar los horizontes y a aprender cosas nuevas. Piense fuera de la caja y elija actividades y eventos sociales novedosos e interesantes. Júpiter también anima a ayudar a los demás y a hacer obras de caridad o voluntariado.

Júpiter benéfico

Las personas con Júpiter en posición benéfica suelen tener estudios superiores y son hábiles en su profesión. Son mentores y de naturaleza servicial. Ofrecen consejo, pero luego se apartan para dejar que la otra persona tome sus propias decisiones.

Evitan la polémica y, aunque estén en condiciones de ayudar a amigos íntimos o familiares, solo lo hacen si las normas lo permiten. No rompen las barreras convencionales por nadie. Si alguien les desafía y se opone a sus puntos de vista, son enemigos desde ese día.

Siempre encuentran la manera de ganar dinero y vivir cómodamente. Sus familiares los ven como una fuente financiera, pero rara vez pueden aprovecharse de ellos. Son comunicadores eficaces, pero su falta de tacto hace que su comportamiento sea polémico.

Júpiter maléfico

Pueden ser físicamente atractivos, pero su estilo individualista no le gusta a todo el mundo. Ocupan altos cargos, pero tienen la moral baja y a menudo abusan de su posición.

Aunque tengan millones en el banco, sienten la necesidad de tener aún más y mienten y engañan para conseguir unos cuantos dólares más. No creen en la caridad, pero hacen donaciones para quedar bien ante la opinión pública. No se les pueden confiar secretos y cambian su confianza por el favor de otras personas.

No confían en los medios de comunicación y creen que todos los periodistas y expertos están detrás de ellos. Nombran a alguien para un puesto de trabajo y luego nombran a otra persona para que les espíe. No se fían de nadie y miran constantemente por encima del hombro.

En cuestiones familiares, creen que los hijos varones son más importantes que las hijas mujeres y discuten con ellas. Cambian sus contactos sociales en un santiamén, si eso significa que sus nuevos amigos les ayudarán a progresar.

Nunca les pida un préstamo, ya que se lo recordarán constantemente hasta que pague la deuda. Se niegan a cobrar dinero relacionado con causas espirituales o instituciones religiosas.

>Júpiter está en exaltación en Cáncer
>En detrimento en Géminis
>En dignidad en Sagitario y Piscis
>En caída en Capricornio

Deidades asociadas a Júpiter

Júpiter es el dios romano del Panteón y el dios de la luz que se concentró en ayudar a los pueblos antiguos a elaborar sus conexiones con la luz y la naturaleza en la Tierra.

Se le conocía como el dios de la lluvia con el nombre de Pluvius, y como el dios de la verdad con el nombre de Fulger. También representaba el trueno con el epíteto fulger.

Júpiter era uno de los seis hermanos engendrados por Saturno. Su padre se tragó a los cinco niños nacidos antes que Júpiter y su madre lo trasladó para protegerlo. Cuando creció, obligó a su padre a vomitar a todos sus hermanos, que se unieron a él para derrocar a su padre.

En la mitología griega

Zeus, el dios más antiguo y venerado de la mitología griega, es el padre de los dioses y era famoso por sus aventuras eróticas, que dieron lugar a una descendencia múltiple. Fue infiel a su esposa y la engañó en repetidas ocasiones.

En la mitología, se le representa con un rayo en una mano y un cetro en la otra. Gobierna el clima y suele estar acompañado de un águila dorada gigante llamada Aetos Dios, que le ayuda a gobernar los cielos.

Zeus es un dios arbitrario y tiene dos urnas. Una está llena de bendiciones y la otra de maldiciones. Las concede a los mortales en función de su comportamiento y de si le han complacido u ofendido. Es un guerrero y un salvador para sus seguidores y es el guardián de los juramentos.

En la mitología egipcia

Amón-Ra es la deidad más poderosa de la mitología egipcia y su nombre significa el creador de todas las cosas. Se creó a sí mismo y dio origen al resto del universo. Se le consideraba omnipresente y se le honraba como el dios de los dioses.

En la mitología nórdica

Odín era el equivalente de Júpiter y era conocido por su sabiduría y fuerza. Gobernaba con mano justa y equilibrada, pero también padecía de frenesí y furia. Buscaba constantemente el conocimiento y se sacrificaba para comprender los secretos del universo.

En la mitología india

Lakshmi es la diosa de la riqueza y la prosperidad. A menudo se la relaciona con el dios Vishnu y se creía que actuaba como su enviada especial. Es sabia y fértil y representa a los Trivedi, el trío de diosas indias más poderoso.

Palabras clave en la magia de Júpiter

- Expansión
- Crecimiento
- Suerte
- Buena fortuna
- Ritual
- Libertad
- Generosidad
- Lujo
- Opulencia
- Éxito
- Filosofía
- Conocimiento
- Saber
- Fe

Júpiter se asocia con los colores púrpura, salvia, turquesa, azul, verde intenso y amarillo.

Las piedras preciosas y los cristales son la amatista, el lapislázuli, la sodalita, la esmeralda, la piedra lunar, la selenita y la cornalina.

Alimentos que atraen a Júpiter

A los jupiterianos les encantan los sabores aceitosos, como los pistachos
https://unsplash.com/photos/b6bizty3pz8?utm_source=unsplash&utm_medium=referral&utm_content=creditShareLink

A las personas de Júpiter les encantan los sabores aceitosos y dulces. Si Júpiter es dominante en su signo, significa que le atraen los dulces que también son salados, como los *arisa putha* indios, que se fríen e incluyen jengibre y harina de arroz. Los pistachos y el *ghee* también están presentes en su dieta. El trigo y la cebada son los ingredientes básicos de sus alimentos favoritos que le ayudan a fortalecerse y tonifican su sistema.

Animales espirituales relacionados con Júpiter

El guepardo
De pensamiento rápido y movimientos apasionados, el guepardo representa la libertad y la exploración. Se mueve con seguridad y es un hábil cazador y protector de su familia.

El toro
Firme y valiente, la energía masculina promueve la riqueza y la prosperidad y forma parte de la banda de animales de Júpiter. Si sueña con toros, es competitivo y busca la buena vida. Si en el sueño se está comiendo un toro, necesita abordar sus dificultades y resolver disputas. Si está montando un toro, tendrá éxito en los negocios o en su carrera.

El dragón
Estas criaturas míticas representan la transformación y la motivación. Están llenos de energía inspiradora y aportan protección y autoridad a la vida. Si sueña con dragones, tendrá éxito y atraerá la prosperidad.

El águila
Están orientadas a sus objetivos y saben elevarse por encima de la tierra. Tienen una visión privilegiada y representan la libertad de Júpiter y su energía. Si sueña con águilas significa que está listo para desplegar sus alas y encontrar nuevos proyectos.

Júpiter y los viajes

Júpiter es el planeta de la positividad y apela a un fuerte sentido del descubrimiento. Anima a la gente a viajar más allá de los lugares turísticos habituales. Las personas con fuertes conexiones con Júpiter viajan por educación más que por entretenimiento. Prefieren los viajes que los lleven a sociedades y civilizaciones por descubrir para aprender de sus culturas. No encontrará signos influenciados por Júpiter en la playa, o si lo hace, será la mejor playa y la más remota de todas.

Aspectos negativos de las energías de Júpiter

Con este planeta de su lado, se tiende a creer que el éxito es fácil, lo que lleva a la autocomplacencia. Los logros naturales y la buena suerte solo llevan hasta cierto punto y se corre el riesgo de volverse perezoso. Estas personas creen firmemente que son superiores y que están muy por encima del resto de los mortales, lo que puede percibirse como arrogancia y desprecio.

Meditación guiada para invocar el poder de Júpiter

Cuando tiene una fuerte alianza con Júpiter, le cuesta dormir y a menudo está tan atrapado en sus pensamientos que le resulta difícil desconectarse. Esta meditación no está estrictamente centrada en Júpiter, sino que es un ejercicio más genérico que le ayudará a desconectar.

Siéntese en un lugar tranquilo, sin distracciones y en una postura cómoda para enfocarse en el momento presente. Concentre su mente recorriendo con el dedo corazón el contorno de la cara y la curva del cuello hasta que la mente esté quieta y concentrada.

Repita el ejercicio para relajarse aún más, pero esta vez deje que el dedo recorra todo el cuerpo. Sea consciente de la firmeza del suelo y siéntase tan ligero como una nube entre los pies y la parte superior de la cabeza.

Tóquese la frente y bendiga sus pensamientos.

Tóquese suavemente la boca y bendiga sus palabras.

Respire profundamente mientras su dedo viaja hasta su caja torácica y sienta cómo se eleva. Deje que su respiración libere la mitad superior de su cuerpo mientras comienza el viaje hacia los huesos de la cadera. Imagine dos tornillos que sujetan sus caderas y desatorníllelos para liberar su cuerpo.

Continúe bajando por las piernas hasta llegar a los muslos, las rodillas y los dedos de los pies. Al desatornillar el último meñique, sentirá que vuela y abraza la libertad. Ahora está listo para dormir. Se sentirá relajado y listo para su descanso nocturno.

Hechizos de dinero y prosperidad

La energía de Júpiter es prominente los jueves y le ayuda a obtener éxito en asuntos financieros y de prosperidad. Esta energía puede ayudarle en los siguientes hechizos y es especialmente fuerte 208 días después de su cumpleaños.

El Hechizo de la cartera

Elija una cartera roja para su hechizo y coloque un pequeño espejo entre los billetes dentro de ella. Esto le ayudará a reflejar el dinero y hacerlo doble. Bendiga la cartera con esta frase: *«Guardo mi dinero en esta cartera de color rojo rubí para que aumente; con la ayuda de Júpiter, mi trabajo nunca cesará».*

Nunca deje la cartera vacía cuando tenga un espejo dentro, ya que esto causaría falta de suerte y prosperidad.

Hable con su dinero

Todo el mundo sabe que la comunicación es la clave de una gran relación, así que ¿por qué iba a ser diferente su relación con su yo financiero? Se considera burdo y tabú hablar libremente de dinero, así que haga algo típicamente jupiteriano y rompa esa barrera social. Hable con sus amigos de asuntos financieros y elogie a las personas ricas y con éxito. Anime a otros a interesarse más por lo financiero y a buscar la independencia económica. Recuerde que la envidia y los celos no le ayudarán. Hable con amor, respeto y positividad para beneficiarse de la energía de Júpiter.

Ahora hable directamente con su dinero y comparta sus pensamientos, esperanzas y aspiraciones con representaciones físicas reales de dinero. Saque los billetes de su cartera o monedero y charle con ellos sobre cómo deben trabajar para usted. Hablar libremente con ellos como si fueran sus amigos le ayudará a cambiar su actitud hacia la riqueza. Rompa esos tabúes y hable con su dinero.

Hechizo de la plata brillante

Los hechizos de prosperidad funcionan, pero no deben responder a la avaricia. Use este hechizo cuando necesite un poco más de efectivo, pero no para hacerse rico. Use el glifo de Júpiter o cristales para potenciar el hechizo y hacerlo más intenso.

Lo que necesita:

- Un tazón o caldero.
- Hojas de menta fresca.
- Agua dulce.
- Una moneda de plata.

Instrucciones:

1. Coloque la moneda (una moneda de diez centavos funciona bien) en el fondo del cuenco y añada el agua.
2. Deje caer las hojas de menta en el cuenco mientras repite esta frase:

    «*Júpiter, las estrellas y la luna, vengan a mí y bendíganme pronto, como la luz hace brillar la plata, usen su poder para hacer mía la riqueza*».

3. Deje el cuenco a la luz de la luna durante toda la noche y luego saque la moneda. Llévela con usted para la buena suerte.

Hechizo de la prosperidad

Lo qué necesita:

- Una vela verde.
- Aceite de pimienta negra.
- Aceite de vainilla.
- Una moneda de plata.
- Un lápiz afilado.

1. Unja las velas y utilice el lápiz para tallar la palabra «riqueza» a lo largo de la vela. Si tiene alguna petición específica, añádala también.
2. Coloque la moneda en un portavelas y ponga la vela encima.
3. Enciéndala y deje que se consuma por completo y cuando la moneda esté cubierta de cera, póngala en un lugar seguro para atraer la riqueza y la prosperidad.

Capítulo 9: Saturno - Manifieste su destino

Saturno es el planeta más alejado del sol y a menudo se le representa como un hombre mayor en términos astrológicos y mágicos. La energía masculina que aporta se refiere a Saturno como Chronos y tiene el epíteto de «el padre del tiempo». Su conexión mágica ayuda a tratar los aspectos financieros del futuro y a adquirir conocimientos sobre lo que se espera en todos los ámbitos de la vida.

Saturno, el planeta más remoto del sistema solar, es una fuente de energía lenta pero muy poderosa. Aporta paciencia y equilibrio y es fundamental para promover la cautela donde algunos de los otros planetas favorecen el impulso inmediato. Está en oposición al sol y a la luna y en la astronomía tradicional era considerado un planeta negativo. En términos más modernos, se reconoce que la cautela puede ser la actitud más sensata y Saturno se considera una gran energía niveladora que obliga a pensar dos veces.

El glifo de Saturno es la cruz de materia con un gancho del lado derecho que parece la letra h y representa el peso de la responsabilidad que los seres humanos cargan a lo largo de su vida.

Saturno está en exaltación en Libra
En detrimento en Cáncer
En dignidad en Capricornio y Acuario
En caída en Aries

Saturno maléfico y benéfico en su horóscopo

Cuando Saturno está en maléfico, aporta creación, talentos inusuales y capacidad de gestión exitosa. Es buscado para dar consejos y un hombro sobre el que llorar. Ayuda a sus amigos y parientes, aunque tenga que sacrificar sus posesiones o emociones, pero no es apreciado.

Tiene talentos ocultos y no alcanza el éxito a una edad temprana. Es más probable que alcance el éxito en la madurez o incluso cuando se jubile. Está cerca de sus padres y a menudo sigue viviendo en su casa, aunque tenga los medios para mudarse. Su vida se centra en el trabajo, lo que significa que no tiene la misma relación con sus hijos que con sus padres.

Dotado de un gran sentido de confianza en sí mismo, defiende sus puntos de vista cuando cree que tiene razón y, como algunas personas le tienen miedo, no escucha la verdad de los demás. A la gente le resulta más fácil estar de acuerdo y seguir adelante que atraer la ira que le puede causar que otros no estén de acuerdo.

Tiene éxito en la mayoría de los campos, pero es probable que pierda dinero en negocios inmobiliarios. Se siente atraído por las carreras de banca, construcción, emprendimiento, enseñanza e historia, donde siempre da el 110% a su trabajo, descuidando su vida social y familiar.

Saturno benéfico

Son muy centrados, lo que significa que son grandes investigadores. Complican las cosas y convierten simples obstáculos en grandes causas de estrés. La mayoría de ellos son servidores de la humanidad y dedican su vida a encontrar curas para los males del mundo. Se niegan a anteponerse a sí mismos y a su familia y a menudo dejan que sus finanzas sufran por el bien de los demás.

A pesar de ello, sus familias y amigos comprenden lo que les mueve y son indulgentes y cariñosos con ellos. Tienen fuertes lazos familiares y una moral inquebrantable. Trabajan con un alto nivel de exigencia, se imponen un código de vida estricto y se oponen a la corrupción y a la injusticia.

Las personas con Saturno en posición benéfica se dedican a resolver los problemas de raza, discriminación y cualquier prejuicio en el mundo.

Su amor por los animales y la vida salvaje es evidente y su compasión y disciplina en general serán un buen ejemplo para las generaciones futuras.

Cuando se alinea con signos de agua, favorece una tendencia a guardar rencores y a aislarse. Se niegan a curarse emocionalmente y prefieren quedarse en el pasado antes que seguir adelante.

En los signos de fuego, limita las actividades placenteras centrándose en creencias más rígidas. Promueve el sacrificio y la autolimitación para dedicar más tiempo a la caridad y a pasatiempos dignos que a los más egocéntricos.

En los signos de tierra, indica cautela. Las personas de esta categoría no son disruptivas y prefieren dejar que otros asuman riesgos mientras se aferran a los métodos y creencias tradicionales.

Deidades asociadas a Saturno

En la mitología romana, Saturno era el dios de la agricultura y el responsable de enseñar a los antiguos romanos a cultivar la vid y la tierra. Gobernaba con dos caras representadas por sus dos esposas. Una se llamaba Ops y era la diosa de la opulencia y la abundancia, mientras que Lua era la diosa de la destrucción. Saturno era civilizado, pero tenía un lado violento.

Su costumbre más famosa se llamaba Saturnalia y era una semana llena de banquetes y juegos de beber. Los gladiadores luchaban y se hacían regalos. Amos y esclavos intercambiaban papeles y era un momento para que la gente se relajara y olvidara las estrictas normas de la sociedad romana.

En la mitología griega

Cronos era el equivalente griego y estaba relacionado con las estaciones y el paso del tiempo. Era el más joven de los titanes y se sentaba solo en los campos Elíseos. Castró y derrocó a su padre, se casó con su hermana y engendró a sus seis hijos.

En la mitología de los nativos norteamericanos

Kokopelli era el dios de la agricultura y un famoso embaucador. Tocaba la flauta para anunciar el final del invierno y el comienzo de la primavera.

En la mitología celta

Dagda era el dios de la agricultura y se le representaba tocando el arpa. Era un hombre mayor y sabio que dispensaba su sabiduría al pueblo irlandés. Era el responsable de que las estaciones del año aparecieran en el orden correcto.

En la mitología egipcia

Neper era el dios del grano, y Nepit era la diosa cuyo cuerpo estaba marcado con puntos para representar el maíz. Se les conocía como el señor y la señora de la boca para mostrar la importancia del grano en la alimentación de los humanos.

En cuanto a la energía planetaria, Saturno es único porque representa las limitaciones, sea cual sea la posición en el plano astral. Es la energía sólida que le devuelve a la Tierra y le hace replantearse las cosas. Su energía es la piedra angular de la vida que nos convierte en seres responsables y nos recuerda que los demás importan.

Palabras clave para Saturno

- Límites
- Control
- Previsión
- Estructura
- Fronteras
- Conservación
- Fortaleza
- Muerte
- Sabiduría
- Conocimiento
- Oscuridad y luz
- Negación
- Salida
- Tiempo
- Mentor
- Responsabilidad
- Introspección

- Herramientas
- Cerraduras
- Frío
- Hielo
- Miedo

Saturno es el planeta de las limitaciones, pero nos hace abordar nuestra finitud. ¿Dónde estaríamos si no respetáramos las fronteras y las reglas? Marte enseña a luchar y Júpiter trae suerte, pero Saturno controla el exceso de entusiasmo y enseña que no hay sustituto para el trabajo duro y la diligencia.

Saturno se asocia con los colores negro, gris, azul, naranja y amarillo, que representan el lado más claro de la psique del planeta.

Las piedras preciosas y los cristales de este planeta incluyen la turmalina negra, el cuarzo cristal, la lágrima de apache, la hematite y la obsidiana.

Alimentos asociados a Saturno

Los alimentos amargos y picantes atraen la energía de Saturno, por lo que consume comidas pequeñas con frecuencia en lugar de comidas copiosas a horas señaladas. Los alimentos saludables y astringentes como las manzanas, las granadas, el aguacate, las raíces y los plátanos verdes les ayudan a evitar los alimentos grasos. Reconocen la importancia de los alimentos que desintoxican el cuerpo y la sangre e incluyen espinacas, infusiones, limón y cúrcuma en sus platos para hacerlos sabrosos y saludables.

Animales espirituales relacionados con Saturno

El perro
Leales y valientes, los perros representan la parte firme de la energía de Saturno. Son protectores y pacientes, pero también dan amor incondicionalmente.

El halcón
Los halcones tienen un equilibrio perfecto y pueden ver a kilómetros de distancia. Representan la energía previsora del planeta y traen felicidad y claridad al mundo.

El gusano

Esta humilde criatura a menudo se pasa por alto, pero forma parte integral del mundo animal. Saturno es el patrón de toda la fauna y saluda incluso al eslabón más pequeño. Los gusanos son expertos en ocultarse y representan la transformación y la mutación.

El ratón

Lleno de sigilo y comprensión, el ratón es señal de buen ojo para los detalles y de conexión a tierra. Posee una modestia e inocencia naturales.

La medusa

Con total transparencia e intención, la medusa es hermosa, pero puede traer dolor y, a veces, la muerte. Saturno tiene la misma energía con su forma distintiva y sus profundidades ocultas.

Rituales que invocan a Saturno y su poder

El sábado es el día preferido para realizar cualquier ritual de Saturno, así que intente sacar tiempo para esta forma de crear un altar de Saturno.

Lo que necesita

- Seis velitas blancas.
- Una vela negra grande.
- un quemador de incienso.
- Aceite de sésamo.
- Aceite esencial de mirra.
- Agua clara de una fuente natural.
- Sal gruesa.
- Arroz negro.
- Semillas de mostaza negra.
- Un encendedor.
- Vasos pequeños para las ofrendas.

Instrucciones:

1. Agarre las seis velas de té para representar a los otros planetas y colóquelas en círculo alrededor de la vela negra.
2. Añada agua a los vasos y ponga una pizca de los ingredientes secos en cada uno.

3. Coloque el aceite de mirra y el aceite de sésamo en el incensario, ubíquelo a la derecha de la vela negra y enciéndalo.
4. Forme un triángulo con los vasos a la izquierda de la vela negra.
5. Encienda cada una de las seis velas en relación con el poder que ejercen y el respeto que les profesa.
6. Ahora encienda la vela negra y recite la siguiente dedicatoria a Saturno:

    «Señor del séptimo cielo, poderoso Saturno, te pido que ilumines con tu luz este espacio. Mantennos a salvo e iluminados con tu poder y muéstranos el camino a seguir. Llena nuestra alma con tus bendiciones y ayúdanos a tomar decisiones que nos beneficien, tanto a nosotros mismos como al mundo».

7. Deje que las velas se consuman de forma natural una vez haya completado el ritual y, a continuación, dese un baño espiritual. Límpiese a fondo y entierre la cera en el jardín.

Saturno es una energía complicada y prefiere los actos cotidianos para complacerlo en lugar de las demostraciones más rituales. Es benévolo y cree en la ayuda a los demás. Aquí tiene algunas formas de apaciguarlo y recibir su energía:

1. **Pague sus deudas kármicas:** Saturno es el señor de las deudas kármicas y fomenta su pago. Ofrézcase como voluntario o done su tiempo y dinero a causas nobles para pagar los errores kármicos que haya cometido en vidas anteriores. En sánscrito, estas deudas se llaman danam y saldarlas ayuda a que los extraños se conviertan en amigos y hace que los enemigos sean menos hostiles.

2. **Comparta comida con los demás el sábado:** ¿Qué hay mejor que sentarse con los amigos y la familia a compartir una comida? ¿Por qué no ampliar esa sensación compartiendo comida con los menos afortunados que usted? Organice un evento en su jardín o en un espacio local para dar de comer a personas sin hogar o a familias que viven en la miseria. Anime a otras personas a echar una mano y haga que el acto sea alegre y satisfactorio.

3. **Alimente a los pájaros:** Saturno anima a todos a alimentar el alma y el cuerpo, así que dedique el mismo tiempo a la vida silvestre. Alimentar a los pájaros en la naturaleza es placentero y digno.

4. **Dedique el sábado a hacer lo que debe hacer:** Cuántas veces ha pospuesto trabajos serviles y aburridos porque «es fin de semana»

y ha dedicado el tiempo a trabajos más placenteros. Recuerde que Saturno representa el trabajo que hay que hacer y a las personas que deben trabajar sin importar el día o la hora. Únase a ellos y dedique su tiempo libre a las tareas que debe hacer.

5. **Organícese:** A Saturno le encanta la disciplina, así que eliminar el desorden y los escombros de su vida hará más evidente su intención de conectar con él. Haga una lista de tareas y empiece a encarrilar su vida. Elimine el desorden mental y físico obviando la comunicación con personas que ya no tienen relevancia en su vida. Sí, así es, deshágase de sus parejas o amigos del pasado a los que pueda tener la tentación de acercarse. Hay una razón por la que no los tiene en su vida y es el momento de hacer la ruptura.

6. **Camine descalzo sobre la hierba:** Saturno quiere que seamos más humildes, y quitarse los zapatos y sentir la hierba entre los dedos de los pies es un gran comienzo. Nos muestra que la debilidad y la conformidad no son formas negativas de pensar. La hierba no soporta fuertes tormentas manteniéndose erguida. Sabe que la única forma de sobrevivir es agacharse y refugiarse hasta que pase la tormenta. Toma fuerzas de la tormenta y sale renovada y más viva que antes. Aprenda de la hierba y sepa cuándo es el momento de agacharse en lugar de poner la cabeza por encima del techo.

Saturno también anima a responsabilizarse de la propia vida mediante el seguimiento constante. Si tiene sobrepeso y sabe que es porque come demasiado, empiece a controlar sus calorías y su nivel de ejercicio. ¿Está emocionalmente agotado por la gente que tiene en su vida? Haga un seguimiento de cómo se siente cuando está en su compañía. Utilice los resultados para hacer cambios y ser más responsable emocionalmente. Conocer los problemas es el primer paso hacia cambios importantes y a Saturno le encanta la idea del seguimiento.

Capítulo 10: Construcción de un altar planetario

Los altares ayudan a enfocar las intenciones
https://www.pexels.com/photo/a-person-putting-golden-plate-with-food-on-the-altar-8818668/

Puede trabajarse con los planetas desde cualquier lugar. De todas formas producirá resultados, pero construir un altar ayuda a enfocar las intenciones y concentrar los esfuerzos usando un espacio designado para realizar magia. ¡Y se ve increíble!

Puede ser un lugar para la meditación y la reflexión y un centro activo para su trabajo. Los altares se han utilizado durante milenios como lugares sagrados para ofrecer comida y realizar ritos de paso. Proporcionan a las comunidades un espacio común para el culto y han evolucionado de simples ensamblajes de madera a estructuras más elaboradas. Representan las estaciones del año, al dios o dioses venerados y, a menudo, exhiben representaciones de otras deidades e influencias.

En primer lugar, no hay reglas fijas para los altares. Es su lugar sagrado, así que haga que sea relevante para usted y sus creencias. No debe ser una tarea que lo intimide o lo estrese. El proceso debe ser alegre y edificante para su alma y su espíritu. Hágalo auténtico y elija objetos que hablen a su alma; su espacio sagrado es un lugar poderoso para canalizar su energía y sentirse como en casa.

Elija su espacio

Dependiendo del espacio del que disponga, puede elegir desde una habitación entera hasta una pequeña caja. Algunas personas crean altares del tamaño de una caja de zapatos que pueden llevarse consigo mientras otras optan por un espacio más fijo, pero como con todas las cosas relacionadas con su altar, la elección es suya.

La mayoría de la gente elige una superficie natural para formar la base de sus altares, como un estante decorativo de madera, una piedra o un mármol, dependiendo de su presupuesto. Algunas tablas de cortar de cocina tienen decoraciones increíbles y son bases ya hechas que se pueden comprar en tiendas de cocina. Recuerde que la base de su altar dicta cuántos objetos puede colocar en él y lo fácil que será montarlo o desmontarlo. Asegúrese de que la base esté a una altura cómoda para trabajar. Algunas personas prefieren trabajar sentadas y utilizar un altar más bajo.

Dado que el trabajo con planetas es más eficaz con luz natural, es mejor que coloque su altar cerca de una ventana u otra abertura que le permita a la luz iluminar la superficie. La posición en la que coloque su altar puede vincularlo con los diferentes elementos. El norte está relacionado con la tierra, el este con el aire, el sur con el fuego y el oeste con el agua. Si coloca el altar sobre un soporte móvil, podrá girarlo en distintas direcciones en función de sus intenciones.

Decore el espacio

Está trabajando con los cuerpos celestes, así que reconózcalo con una decoración basada en los planetas. Hay cientos de estilos entre los que elegir y puede comprar manteles planetarios, calcomanías, guirnaldas colgantes y arte mural que brilla en la oscuridad, que son elementos a la vez decorativos e informativos. Por suerte, los planetas atraen a mucha gente, así que es fácil conseguir estos artículos por muy poco dinero. También puede conseguir una iluminación eficaz que proyecte imágenes del sistema solar en las paredes y el techo por menos de treinta dólares en Amazon.

Ahora elija algunos objetos de su casa que lo representen. Puede utilizar una pequeña joya o su cristal favorito. Elija objetos que signifiquen mucho para usted para demostrar a los planetas que sus intenciones son firmes. Si compra cosas, especialmente para el altar, elija artículos sostenibles que sean buenos para el planeta.

Herramientas que debe tener en su altar

Dependiendo de sus gustos, puede optar por llenar su altar con herramientas como:

- Varita - Puede hacer la suya propia o elegir una ya hecha con su madera favorita para concentrar la energía en lugar de usar los dedos o las manos.
- Escoba - Una escoba mágica que puede usar para limpiar las energías negativas.
- Velas.
- Caldero o cuenco - Para mezclar sus pociones y hacer infusiones.
- Minerales y cristales - Escoja una piedra representativa de cada uno de los planetas y utilícela para concentrar su intención.
- Plantas y flores - Dele vida a su altar con plantas, que a su vez darán vida a sus hechizos. Las flores simbolizan salud y vitalidad.
- Un espejo - Para crear luz y abundancia.
- Estatuas de sus deidades favoritas.
- Un pentagrama.
- Objetos que representen los elementos - Una jarra de agua, una vela, una pluma y una vasija de tierra le ayudarán a utilizar los elementos en sus hechizos.

- Hierbas secas.
- Aceites esenciales.
- Objetos que representen sus deseos - Dinero en monedas o billetes, piedras curativas, corazones rojos para el amor o cualquier otra cosa que le guste.

Obtén algunas ideas de otras personas

No hay ninguna razón por la que no pueda inspirarse en las ideas de otras personas. Pinterest e Instagram tienen un montón de diseños coloridos e inspiradores. Incluyen altares paganos y *wiccanos*, que están diseñados tanto para interiores como para exteriores. ¿Por qué no utilizar su espacio exterior para crear un santuario natural dedicado a los planetas y dar la bienvenida a su energía?

Utilice cuencos que representen los cuatro elementos y llénelos con los objetos correspondientes. Esto le ayudará a moverlos cuando sea necesario para que pasen al frente del altar en un hechizo determinado. Su altar debe ser hermoso y usted debe sentirse como en casa. Cuando consiga ese nivel de amor y satisfacción, su altar estará listo para ser usado.

Monte su altar y úselo. Cuanto más utilice su espacio sagrado, más eficaz será. No limite su espacio solo al trabajo mágico. Utilícelo para meditar y practicar yoga. Siéntese en su espacio y escriba un diario o lea en silencio, rodeado del amor del planeta. Haga que el tiempo que pase allí sea especial y no lo utilice como almacén ni como depósito. Manténgalo libre de desorden y deje que las energías naturales fluyan libremente. El desorden y los desechos impedirán que sea eficaz.

Limpie su altar con regularidad

Su altar es su templo, así que trátelo con respeto y amor. No lo descuide y asegúrese de prodigarle su amor y atención. Límpielo regularmente con sal y agua para purificar el espacio y desterrar la energía negativa. Limpie la zona con salvia e incienso y haga que sea atractiva para su alma.

Ponga regalos y ofrendas a los planetas, como comida y bebida. Traiga cristales y otras piedras para decorar y hacer especial su espacio. Haga que sea una representación superior de su verdadero yo y muéstrele amor y respeto con regularidad. A algunas personas les gusta empezar el día dedicando tiempo a su altar y terminarlo en el mismo lugar. Esto ayuda a poner los pies en la tierra, a concentrarse por la mañana y a relajarse antes de dormir.

Puntos clave para recordar
- Su altar debe estar en un lugar seguro y libre de energías negativas.
- Confíe en su intuición para decidir qué incluye.
- Debe ser divertido y estar lleno de alegría.
- Los objetos del altar deben evolucionar a medida que usted lo hace.
- Debe hacerlo sentir especial.
- Debe desear pasar tiempo allí.
- Es un recordatorio constante de sus deseos y objetivos.
- Le ayuda a dirigir y canalizar su energía.

Altares portátiles

Durante la Primera Guerra Mundial, se designaron capellanes militares para atender las necesidades de los soldados en el campo de batalla. Esta situación única de los combatientes significaba que los cristianos estaban matando a otros cristianos en masa y la necesidad de sus servicios aumentó. Todos los cuerpos militares tenían capellanes, y sus altares se pueden ver en los museos.

Su altar portátil debe ser ligero, portátil y adecuado a sus necesidades. Puede ser del tamaño de un maletín o tan pequeño como una caja que pueda llevar en el bolsillo. Puede que prefiera una bolsa para transportar los componentes de su altar, de modo que sirva también como mantel, o una caja con un diseño en la tapa.

Incluya elementos de los planetas. Una ramita pequeña, una piedra plana o un frasco de sal para la tierra o un pentáculo pequeño.

El aire puede representarse con una pluma, una varita pequeña o una varita de incienso.

El fuego puede representarse con una cerilla o un encendedor.

El agua puede representarse con un frasco de líquido o una concha marina.

Añada algunos pequeños cristales y hierbas a su altar e incluya en él sus objetos favoritos. Puede utilizar el recipiente más pequeño como altar portátil; representa sus intenciones y eso es lo que importa.

Si lo prefiere, puede comprar un kit de altar que ya contiene aerosoles, tela de altar, cristales e incienso. Esto le da la oportunidad de crear un espacio zen para practicar sus adivinaciones planetarias.

Guía adicional de siete días para conectar con los planetas

Ya sabemos cómo se relacionan los planetas con los días de la semana y que los nombres modernos de los días a menudo provienen directamente del nombre del planeta con el que se alinean. Utilizar estas conexiones ayuda a formar un vínculo más fuerte con los poderes astrales y aporta una forma cotidiana de magia a sus rutinas habituales.

Utilice estos temas cósmicos junto a lo que ya sabe sobre los planetas para hacer que cada día sea especial y utilice la energía de la forma que crea natural para adaptarse a su horario.

Lunes

El día de la luna y el comienzo de la semana laboral de la mayoría de la gente se describe como maníaco y estresante. Al ser un día de comienzo de trabajo, puede ser frenético y estar lleno de trampas emocionales. La luna es un planeta femenino muy cargado emocionalmente y afectará a su estado de ánimo. Haga todo lo que pueda para ser consciente de su energía y utilícela para que su día sea más satisfactorio y menos agotador.

Ropa

Vístase de blanco siempre que pueda y evite los colores que resten energía. Recuerde que la luna se asocia a menudo con deidades femeninas triples, así que cambie su atuendo para reflejarlo. Honre a la doncella llevando joyas o accesorios divertidos, incluso cuando deba vestir de forma conservadora.

Alimentos

Tenga cuidado con lo que come, ya que la luna afecta a su digestión. El lunes no es el momento de probar alimentos nuevos, ya que la luna rige su cuerpo y está acostumbrada a sabores determinados.

Meditar por la mañana

Tómese diez minutos para enraizar su energía en su altar o en su jardín. Siéntese en un cojín y cierre los ojos antes de inhalar profundamente y contener la respiración. Tómese este tiempo para reflexionar sobre lo que espera del día que tiene por delante y visualizar cómo progresa. Suelte el aire lentamente y pida a la luna que le ilumine hoy.

Repita el ejercicio de respiración durante diez minutos y luego abra los ojos lentamente. Levante los ojos al cielo y agradezca la energía lunar que ha invocado.

«Madre luna, te pido que me mantengas a salvo y me acompañes en mi viaje; trae tu amor y tu energía femenina a mi mundo».

Darse un baño de luna por la noche

Si tiene bañera, el lunes es el momento perfecto para darse un baño y remojarse. Añada hojas de salvia blanca y sal rosada del Himalaya al agua caliente y sumérjase suavemente en ella. Coloque una vela blanca en cada esquina de la bañera y enciéndalas con cuidado. Escriba en un papel con un bolígrafo sus intenciones, sueños y esperanzas. Mientras se relaja, visualice el futuro y lo que le depara.

Cuando salga del baño, séquese de la forma más natural posible y coloque el papel bajo un cristal importante de su altar. Apague las velas y vuelva a su rutina habitual. Termine el día con un té de la luna hecho con sus hierbas favoritas y relájese en su cama con una energía relajante, listo para dormir.

Establecer intenciones lunares

El lunes es el mejor momento para fijar intenciones y estas pueden ser tan variadas como quiera. Utilice velas para hacer un cordel de intenciones con los colores correspondientes y enumere lo que quiere de su vida amorosa, su carrera profesional y otros aspectos importantes de la vida. Haga de esto un proyecto divertido al que pueda ir añadiendo cosas a medida que avance la semana. Utilice imágenes visuales para darle más impacto y bolígrafos de colores para hacerlo más artístico.

No sea demasiado duro consigo mismo

Las emociones del lunes pueden ser brutales y la energía lunar que siente puede llevarlo a una montaña rusa. Honre y reconozca estas emociones, pero no se altere por ellas. Su energía lunar forma parte de la gran aventura de la vida, así que súbase a bordo y disfrute del viaje.

Martes

Marte rige este día y trae su energía apasionada y ardiente a la vida. Es hora de dejar de contemplar y empezar a hacer. Adopte el estilo de vida de fuego y azufre y progrese en las áreas que le apasionan. Marte le aportará esa energía de arranque que necesita para determinar el camino de su vida. Puede que sea el tradicional segundo día de la semana, pero es el primero para la energía y la dominación.

Ropa

Lleve su pasión con orgullo y vístase en tonos rojos, granates o escarlatas y luzca como el guerrero en el que quiere convertirse. Lleve piedras preciosas como granates o corales rojos y celebre el número nueve.

Comidas

Prepare un curry picante en su olla de cocción lenta para la cena o planee una sabrosa comida para llevar de su restaurante favorito. El martes puede parecer mundano a la mayoría de la gente, pero usted sabe que no es así. El martes es el día del fuego y la fuerza, así que celébrelo y tome alimentos que enciendan sus pasiones.

Meditar por la mañana

Vista su altar con objetos rojos y encienda tres velas rojas. Ubíquese delante del altar y levante las manos hacia arriba. Respire hondo y diga:

> *«Señor de Marte, te pido que tomes mi mano y mi corazón para ayudarme a avanzar hoy, haz que mis pasos sean valientes y decididos mientras busco mi propósito».*

Donar

Si hace alguna donación, hágala un martes. Puede regalar ropa roja o artículos de cobre para señalar su conexión con el lado benévolo de la personalidad de Marte. Regale a sus amigos y familiares flores rojas de hibisco para mostrarles su amor y aprecio.

Ir al gimnasio

Saque tiempo antes de empezar el día para hacer ejercicio o ir al gimnasio. El ejercicio físico aumenta el ritmo cardíaco y pone al límite las endorfinas. Anímese este día y dígase a sí mismo que obtendrá resultados.

Únase a nuevas organizaciones

Es hora de ampliar sus horizontes y buscar nuevos contactos. ¿Hay grupos sociales en su lugar de trabajo? Pregunte por ahí, porque nunca se sabe. Puede que se una a un grupo que le permita brillar ante personas que normalmente no entrarían en contacto con usted. Las oportunidades no vienen solas y, a veces, debe crear su propia suerte.

Realice un ritual de Marte por la noche

Tome una vela roja y dibuje el glifo de Marte en un lado. Encienda una varilla de incienso apropiada, como sangre de dragones, y encienda la llama de la vela. Mire fijamente la llama y visualice la energía fluyendo como una corriente de lava fundida hacia su cuerpo. Sienta el calor a medida que la energía de Marte llena sus venas. Cuando haya completado el ritual, agradezca a la energía de Marte y abra los ojos. Apague la vela y agradezca al universo su experiencia.

Tomar un baño ritual

Utilice sándalo, semillas de mostaza, vainilla y aceite de hisopo para preparar un baño refrescante. Coloque cuatro velas rojas a cada lado de la bañera y enciéndalas. Mientras se baña, visualice lo que conseguirá mañana y pasado. ¿Quién reconocerá su talento y qué ocurrirá cuando lo hagan?

Ahora váyase a la cama y sueñe con lo que puede ocurrir cuando trabaja con el poder de Marte. Cree y cambie, pero recuerde salir victorioso.

Miércoles

Mercurio es el planeta regente de este día crucial y esto lo convierte en el momento perfecto para poner las cosas en orden. El nombre del día en inglés tiene su origen en Odín, el dios nórdico, así que quizás pueda dedicar un rato a rezar una oración en su nombre y ofrecer un regalo en su altar a su sabiduría. Odín también era un dios travieso con muchas cualidades humanas, por lo que el miércoles es un día para realizar actividades divertidas y reunirse con los amigos.

Ropa

Para celebrar la energía del miércoles y de Mercurio, vista de morado o verde con toques de amarillo o naranja. Aunque parece que estos colores no combinan, no tienen por qué ser su atuendo completo. Represéntelos con accesorios o joyas.

Alimentos

El miércoles es un día ajetreado para la energía planetaria, así que mantenga sus comidas ligeras y considere la posibilidad de tener un día de desintoxicación. Limpiar su sistema digestivo le ayudará a centrarse en asuntos mentales más urgentes y le preparará para un día de actividades exitosas. Su cuerpo lo agradecerá y su mente se sentirá más despejada y enfocada.

La cantidad de alimentos que contienen aditivos y sustancias químicas tóxicas es alucinante. Nunca antes habíamos incluido un número tan elevado de aditivos e ingredientes no naturales en nuestras dietas. Quizá lo más inquietante es que las empresas que los fabrican los declaran saludables y nos animan a consumirlos.

Pruebe estos alimentos saludables para acabar con las toxinas

- Los limones son la mejor fruta detox que puede encontrar. Añada unas gotas a su té o beba agua de limón para estimular su metabolismo.
- Los aguacates son sanadores naturales del hígado. Sus ácidos grasos y su riqueza en nutrientes los convierten en grandes favoritos para la desintoxicación.
- Las manzanas contienen pectina, que ayuda a limpiar el torrente sanguíneo.
- El ajo potencia la desintoxicación y protege el ADN.

Organizarse

Haga del miércoles su día para poner en orden esos correos electrónicos, deshacerse de archivos viejos en sus dispositivos y tomar algunas decisiones importantes. Si lleva un diario de manifestación, asegúrese de escribir en él y ser honesto con su progreso.

Pida ayuda a Mercurio

Tómese un tiempo antes de acostarse para honrar a Mercurio colocando citrino y ágata en su altar. Encienda una vela morada y espolvoree un poco de romero en su altar.

Cuando se vaya a la cama, cierre los ojos y visualice lo que le espera. El éxito y los lazos familiares deben fortalecerse y celebrarse.

Jueves

Este día de la semana lleva el nombre en inglés de uno de los personajes más populares de Marvel y de un poderoso dios nórdico, Thor. El planeta del jueves es Júpiter, que llena el día de masculinidad y consagración. Es un día para la buena suerte, la prosperidad y la limpieza.

Colores

Hoy puede vestirse con lo que quiera. La fuerza de la energía que le rodea significa que incluso si se vistiera con una bolsa de basura, su personalidad y confianza en usted mismo le permitirían llevarlo con aplomo.

Resolver asuntos legales

¿Ha estado posponiendo cosas porque son complicadas y estresantes? Abrace la nueva era de organización que empezó el miércoles y dé un paso más para ocuparse de los asuntos serios. Si tiene asuntos legales, evalúe si se siente lo bastante seguro para resolverlos usted mismo o si ha llegado el momento de llamar a los profesionales.

Cambiar su suerte

Júpiter es el planeta de la buena suerte y el jueves es el día para poner a prueba ese poder. Nadie le sugiere que apueste o compre billetes de lotería, a menos que se sienta cómodo con eso, pero es el momento de eliminar cualquier mala suerte que afecte a su vida.

Vista su altar con amatistas y turquesas y espolvoree un poco de canela y ajo sobre la superficie. Encienda una vela blanca ungida con su aceite esencial favorito y pronuncie la siguiente frase:

> «*Poderoso Júpiter, elimina mi maleficio y haz que mi vida sea afortunada, trae prosperidad y riqueza a mi hogar y bendíceme con tu poder*».

Cambiar el karma

La mala suerte puede ser el resultado de un karma negativo de vidas anteriores, así que utilice los jueves para cambiar eso. Practique buenas acciones desinteresadas y que atraigan el buen karma. Deje que alguien pase en la fila antes que usted y ponga un billete de un dólar bajo el parabrisas de cinco coches diferentes. Si ve un parquímetro a punto de agotarse, eche una moneda en él. Sus actos desinteresados aumentarán sus depósitos kármicos y le ayudarán a cambiar su suerte.

Practicar la ley de la atracción

Elija su postura de meditación favorita y cambie de perspectiva. Invierta más en su crecimiento espiritual y deje ir la negatividad. Encienda una vela y pida a Júpiter que atraiga la fortuna a su vida. Cree un tablero de visión en su mente y llénelo de fotos o imágenes de lo que desea. Cree grupos de sus sueños. Por ejemplo, haga una sección para su vida doméstica, otra para su vida amorosa y otra para su carrera profesional. ¿Tiene necesidades o deseos específicos? Añádalos también.

Por supuesto, puede ser más proactivo y hacer un verdadero tablero de visión para representar físicamente sus deseos. Recuerde hacerlo de la forma más honesta posible. Si sueña con conducir un coche deportivo llamativo, represéntelo en su tablero. Escriba su agradecimiento al universo en el centro y colóquelo en la zona de la riqueza de su casa. Si no sabe dónde está, párese en la puerta de su casa y camine decididamente hacia el punto más al sureste de su hogar.

Viernes

Este día recibe su nombre en inglés de Freya o Frigg, las diosas nórdicas. Aunque las dos diosas pueden reclamar el viernes, tienen personalidades muy similares y comparten las mismas cualidades. En términos planetarios, el viernes está regido por Venus y ella aporta el poder del amor y la pasión a este día.

Colores

Vístase de rojo y rosado con alegría y amor. Muestre su lado alegre y lleve el corazón a flor de piel. Añada accesorios plateados y blancos para señalar su intención de llenarse de amor y pasión.

Comida

Organice espléndidos banquetes para sus seres queridos. Invítelos a su casa y celebre la unión que siente cuando comparten su espacio. Si le apasiona su hogar, comparta esta energía con los demás.

Tener una cita por la noche

Anteponer a los demás a su relación puede convertirse en un hábito si tiene pareja. Pueden descuidarse el uno al otro y distanciarse. Para cambiar esta situación, organice una cita los viernes y pídale a otra persona que cuide de los niños. Vayan a un buen restaurante y comprométanse a hablar de todo menos de los niños, la casa y otros temas cotidianos. Hablen del futuro y de las vacaciones. Hagan de la noche un momento para redescubrirse el uno al otro y recordar por qué se enamoraron al principio.

Descubrir el amor propio

Si está soltero, también puede aprovechar la energía amorosa y apasionada de Venus. Vista su altar con pétalos de rosa y flores de hibisco y espolvoree lavanda. Añada piedra lunar y cuarzo rosa y encienda velas rojas y rosadas. Pídale a Venus que traiga el amor a su vida y encuentre a su pareja perfecta o pídale que bendiga su soltería y llene su corazón de amor por usted mismo.

Una vez completado el ritual, regálese una mascarilla facial, una manicura y pedicura y un baño relajante. Añada aceites esenciales y encienda velas rojas para crear un refugio perfecto en el que relajarse.

Ver una película romántica

Aunque el viernes es tradicionalmente una noche para socializar, póngase de humor para el amor viendo una película romántica. No tiene por qué ser una historia de amor tradicional, ya que hay muchas películas que tratan de todo tipo de amores. Marley y yo, una película protagonizada por Owen Wilson y Jennifer Aniston, trata sobre la familia y el amor que comparten con sus hijos, con ellos mismos y con la mascota favorita de la familia. Tenga en cuenta que en algún momento necesitará un pañuelo de papel.

Atraer el amor

¿Se ha enamorado de alguien? Intente atraer su atención lanzando un hechizo de amor, escribiendo su nombre en un trozo de papel y colocándolo debajo de una vela roja en su altar. Pídale a Venus que le haga saber que está interesado y siéntese a esperar. Si está predestinado, pronto se pondrá en contacto con usted.

Hacer algo físico

Si hace tiempo que no tiene intimidad con su pareja, haga del viernes la noche del amor. Sea sexy y vístase con su mejor ropa de dormir o sin ropa para enviar señales a su otra mitad. Atrévase y dedique tiempo al sexo y al romanticismo. Tomen un baño juntos o dense una ducha rápida para que fluya la pasión. No se repriman, recuerden esas primeras sensaciones en las que no podían saciarse el uno del otro. Intenten recrear esas pasiones y pasen una noche llena de acción caliente y apasionada.

Sábado

Regido por Saturno, es un día para motivarse y ser proactivo. Sin embargo, también es un día para relajarse. Divida su día en diferentes secciones y utilice la primera parte del día para aclarar cualquier trabajo pendiente de la semana anterior. Prepare las comidas de la semana en papel o físicamente para asegurarse de que tiene cubiertos los horarios de las comidas.

Planificar con antelación

Una vez establecido el plan de comidas, es hora de organizarse y organizar a las demás personas que tengan planes para la semana. ¿Los niños tienen compromisos deportivos o sociales? Asegúrese de que el equipo o la ropa que necesiten estén lavados y apilados, listos para meterlos a sus mochilas. ¿Tiene reuniones o presentaciones en el trabajo? Compruebe que tiene la ropa adecuada en su armario, lista para usar y combinada con los accesorios pertinentes.

Tomar un desayuno energético

Saturno engloba energía, así que prepare su cuerpo para un día activo. Coma avena y bayas para tener energía duradera y facilitar la digestión. El aguacate en una tostada le mantendrá saciado hasta el almuerzo y le aportará antioxidantes. El yogur y los arándanos son súper sabrosos y están repletos de calcio y proteínas, mientras que la col rizada y el queso de cabra son bajos en calorías y están repletos de proteínas.

Realizar un ritual de Saturno

El sábado es el momento perfecto para crear una zona segura para su energía espiritual. No es tan confrontativa como la energía de Marte. Simplemente reduzca el calor de las balas espirituales que vienen hacia usted.

Decore su altar con velas amarillas y negras y añada ónice y azabache a la superficie. Dibuje el glifo de Saturno y añada las letras H y T para representar el corazón y la verdad. Unja las velas con aceite de menta y añada musgo al altar. Pida a Saturno que le proteja de los ataques espirituales y le mantenga seguro y fuerte. Pídale ayuda para localizar cosas o personas que haya perdido o extraviado. Libere su energía y comience una transformación de sí mismo canalizando la energía de Saturno.

Domingo

El día del sol y de todos sus poderes rejuvenecedores. La mayoría de la gente experimenta ansiedad los domingos, sobre todo en temporada escolar. Esa terrible sensación de haber olvidado algo o no haber hecho los deberes, de que el equipo de gimnasia no está listo o de haber perdido parte del uniforme. Por desgracia, ese nivel de ansiedad continúa en la vida adulta.

Colores

Refleje la energía del sistema solar vistiendo colores brillantes y ropa que le haga sentir feliz. Siéntase relajado y feliz con ropa cómoda, pero recuerde reflejar su felicidad en los demás. Lleve sus joyas y accesorios favoritos para demostrar que se ha esforzado.

Relajarse y desconectarse

Mientras desayuna, ponga música relajante e inspiradora. Cree una lista de reproducción dominical con sus canciones favoritas y póngala mientras se prepara para el día. Coma despacio y con atención mientras deja que los sonidos lo inunden y le ayuden a sentirse relajado.

Honre al sol

Tómese el resto del día para establecer intenciones, curarse y abrazar el poder de la abundancia. Gire la cara hacia el cielo y sienta cómo los rayos del sol lo llenan de esperanza y amor. Decore su altar con girasoles, caléndulas y cristales de citrino. Queme velas naranjas y amarillas y agradezca al sol su presencia en su vida cada día.

Prepararse para la semana que empieza

Esta es posiblemente la parte más importante de la semana. Algunas personas preparan su cuerpo con ejercicio, mientras que otras meditan o leen un buen libro para preparar la mente. Este es su momento para la rutina y sus energías internas. Lo que más le convenga es lo que debe hacer. Caminar por la naturaleza puede funcionar para algunos, mientras que otros pueden preferir una noche con amigos.

Esta guía es un conjunto intercambiable de actividades y rituales que pueden adaptarse a la energía de cada día. La magia planetaria consiste en conectarse con el universo y formar parte de una visión más amplia.

Conclusión

Ahora que tiene una guía completa de los planetas, es hora de conectar y explorar. Todos somos parte del cosmos, ¡y deberíamos celebrar este hecho intencionadamente! Sea más amable con usted mismo y con los demás y cambie su forma de ver el universo. Todos nos beneficiamos de la bondad y la conectividad, así que sea un catalizador del cambio. Buena suerte en su viaje y *difunda el amor.*

Vea más libros escritos por Mari Silva

Su regalo gratuito

¡Gracias por descargar este libro! Si desea aprender más acerca de varios temas de espiritualidad, entonces únase a la comunidad de Mari Silva y obtenga el MP3 de meditación guiada para despertar su tercer ojo. Este MP3 de meditación guiada está diseñado para abrir y fortalecer el tercer ojo para que pueda experimentar un estado superior de conciencia.

https://livetolearn.lpages.co/mari-silva-third-eye-meditation-mp3-spanish/

Vea más libros escritos por Mari Silva

Su regalo gratuito

¡Gracias por descargar este libro! Si desea aprender más acerca de varios temas de espiritualidad, entonces únase a la comunidad de Mari Silva y obtenga el MP3 de meditación guiada para despertar su tercer ojo. Este MP3 de meditación guiada está diseñado para abrir y fortalecer el tercer ojo para que pueda experimentar un estado superior de conciencia.

https://livetolearn.lpages.co/mari-silva-third-eye-meditation-mp3-spanish/

Recursos

5 planetas enanos menores en astrología y sus significados. (2021, 25 de febrero). YourTango. https://www.yourtango.com/2021339761/dwarf-minor-planets-meanings-astrology#:~:text=Makemake%20symbolizes%20a%20connection%20to

Astrología, signos del zodiaco, fechas, significados y compatibilidad. (2000). Astrology-Zodiac-Signs.com. https://www.astrology-zodiac-signs.com/

12 signos del zodiaco: Todo lo que necesita saber | Astrology.com. (s.f.). Www.astrology.com. https://www.astrology.com/zodiac-signs

Breve historia de la astrología. (2020). Astrograph.com. https://www.astrograph.com/learning-astrology/history.php

Una introducción a las progresiones secundarias | Educación Astrológica Kepler. (s.f.). Www.keplercollege.org .

Archivo, V. A., & alimentación, G. autor R. (2021, 16 de noviembre). ¿Qué es una carta natal en astrología - y cómo se lee una? New York Post. https://nypost.com/article/astrology-birth-chart/

Los asteroides en la astrología y su significado | Astrology.com. (s.f.). www.astrology.com . de https://www.astrology.com/asteroids

Planetas en astrología y su significado, símbolos de los planetas y Cheat Sheet. (2018, 27 de enero). Labyrinthos. https://labyrinthos.co/blogs/astrology-horoscope-zodiac-signs/astrology-planets-and-their-meanings-planet-symbols-and-cheat-sheet

Tobing, B. (2021, 7 de octubre). Así es como los aspectos de su carta astral desempeñan un papel importante en su vida cotidiana. POPSUGAR Smart Living. https://www.popsugar.com/smart-living/what-aspects-mean-in-astrology-48534359#:~:text=Simply%20put%2C%20aspects%20refer%20to

Beringer-Tobing, B. (2022, 8 de abril). Cada asteroide mayor en astrología, explicado. POPSUGAR Smart Living. https://www.popsugar.com/smart-living/asteroids-astrology-48779069#:~:text=Asteroids%20can%20tell%20you%20a

Besley, T. (2017, 17 de enero). Cómo hacer de la astrología una práctica habitual en su vida. The Little Red Tarot Blog. http://blog.littleredtarot.com/make-astrology-regular-practice/

Brennan, C. (2007, 19 de octubre). 10 consejos para aprender astrología. The Horoscopic Astrology Blog. http://horoscopicastrologyblog.com/2007/10/19/10-tips-for-learning-astrology/

Brown, M. (2021, 11 de agosto). ¿Qué es la astrología en realidad? InStyle. https://www.instyle.com/lifestyle/astrology/what-is-astrology

Campos, S. N. (s.f.-a). Olvídese de su signo solar: el emparejamiento de sus nodos arroja luz sobre su trayectoria vital | Astrology.com. Www.astrology.com.de https://www.astrology.com/article/nodes-north-south-pairings-destiny-zodiac/Campos, S. N. (s.f.-b). Sus nodos norte y sur guardan las claves de su karma | Astrology.com. Www.astrology.com.de https://www.astrology.com/article/nodes-north-south-moon-karma-destiny/

Coughlin, S. (2017, 4 de diciembre). Esos misteriosos símbolos astrológicos, explicados. Www.refinery29.com. https://www.refinery29.com/en-us/zodiac-astrology-symbols-meanings#slide-1

Coughlin, S. (2018a, 1 de junio). Qué significa realmente cuando su horóscopo menciona un «tránsito». Www.refinery29.com, https://www.refinery29.com/en-us/transit-astrology-meaning-natal-planets

Coughlin, S. (2018b, 20 de septiembre). Esta carta astrológica muestra cómo cambia su personalidad con el tiempo. Www.refinery29.com. https://www.refinery29.com/en-us/progressed-birth-chart-astrology-meaning

Coughlin, S. (2022, 3 de mayo). Cómo dar sentido a su carta astral. Www.refinery29.com, https://www.refinery29.com/en-us/2016/11/129929/birth-chart-analysis-natal-astrology-reading

Cristales y astrología; ¿qué tienen en común? (2020, 14 de mayo). Happinez.com.

Dawn, C. (2021, 18 de abril). Fundamentos de Astrología - Como es arriba es abajo. Moonstone Lightworks.

DeSimone, M. (2021, 29 de noviembre). El significado de las cartas natales progresadas en astrología. Tarot.com. (s.f.). Breve Historia de la Astrología. Ephemeris. https://ephemeris.co/pages/a-brief-history-of-astrology

Faragher, A. K. (2021, 8 de junio). Qué representa cada «casa» en su carta natal. Allure. https://www.allure.com/story/12-astrology-houses-meaning

TranslatorHall, M. (2018, 30 de abril). Entender los fundamentos de la astrología. LiveAbout. https://www.liveabout.com/what-is-astrology-206723

HISTORIA DE LA ASTROLOGÍA. (2019). Historyworld.net. http://www.historyworld.net/wrldhis/PlainTextHistories.asp?historyid=ac32

Historia de la astrología occidental. (s.f.). TheFreeDictionary.com. https://encyclopedia2.thefreedictionary.com/History+de+la+Astrología+Occidental

Cómo interpretar los nodos norte y sur para encontrar su verdadero propósito. (2020, 28 de diciembre). Mindbodygreen. https://www.mindbodygreen.com/articles/astrology-101-north-nodes-south-nodes-reveal-your-life-purpose/

Cómo interpretar su carta natal. (n.d.). Tree of Life. https://treeoflife.com.au/blogs/news/how-to-interpret-your-birth-chart#:~:text=A%20Birth%20Chart%20is%20what

Cómo leer las progresiones secundarias. (s.f.). Two Wander. https://www.twowander.com/blog/how-to-read-secondary-progressions

Cómo leer su carta natal como un astrólogo. (2019, 31 de enero). Mindbodygreen. https://www.mindbodygreen.com/articles/how-to-read-your-astrology-birth-chart/

Jan. 2, J. W. |, & 2022. (2022, 2 de enero). Las 12 casas de la astrología, explicadas. PureWow. https://www.purewow.com/wellness/12-houses-of-astrology

Junio, S. (2021, 21 de septiembre). La Luna Negra Lilith en astrología, explicada. Nylon. https://www.nylon.com/life/black-moon-lilith-astrology

Kahn, N. (2018, 17 de octubre). ¿Qué significan los nodos norte y sur en astrología? le muestran cómo abrazar su destino. Bustle. https://www.bustle.com/p/what-do-north-nodes-south-nodes-mean-in-astrology-they-show-you-how-to-embrace-your-destiny-12577188

Kathryn. (2021, 19 de febrero). Tránsitos Astrológicos - ¿Qué son y cómo puede trabajar con ellos? Kathryn Hocking. https://kathrynhocking.com/transits-in-astrology/

Lantz, P. (s.f.). Progresión astrológica para principiantes. LoveToKnow. https://horoscopes.lovetoknow.com/about-astrology/astrological-progression-beginners

Aprende Astrología: 10 consejos para principiantes. (2021, 26 de septiembre). MIND IS the MASTER. https://mindisthemaster.com/learn-astrology/

Aspectos mayores y menores. (s.f.). Inicio

Significado de los aspectos planetarios mayores - Relación entre los planetas en astrología, signos zodiacales y cartas natales. (s.f.). Labyrinthos. https://labyrinthos.co/blogs/astrology-horoscope-zodiac-signs/planetary-aspect-meanings-relationship-between-planets-in-astrology-zodiac-signs-and-natal-charts

Massony, T. (2022, 5 de enero). Los periodos retrógrados de cada planeta en 2022. POPSUGAR Smart Living. https://www.popsugar.com/smart-living/what-planets-are-retrograde-right-now-48669539

Aspectos menores en astrología: Quincuncio, Semicuadrado, Semiextil, Quintil. (2021, 13 de agosto). Astrología Avanzada. https://advanced-astrology.com/minor-aspects/

Aspectos astrológicos menores y el dominio de la magia. (2019, 30 de mayo). Nómada del tiempo. https://timenomad.app/posts/astrology/philosophy/2019/05/30/minor-aspects-domain-of-magic.html#:~:text=Minor%20astrological%20aspects%20are%20responsible

Odisea, D. (s.f.). Asteroids In Astrology & Their Meanings, Explained (Los asteroides en la astrología y sus significados, explicados). Nylon. https://www.nylon.com/life/asteroids-astrology-meaning

Orion, R. (2021, 10 de agosto). Cómo identificar patrones generales en su carta astrológica natal. Dummies. https://www.dummies.com/article/body-mind-spirit/religion-spirituality/astrology/how-to-identify-overall-patterns-on-your-astrological-birth-chart-268214/

Pholus - El poder de las pequeñas acciones que conducen a grandes despertares. (s.f.). 12andUs. https://12andus.com/blog/view/396023/pholus-the-power-of-small-actions-leading-to-great-awakenings

Colores Planetarios y Piedras Preciosas. (s.f.). Júpiter

Regan, S. (2022, 19 de abril). Los aspectos más y menos afortunados de la carta zodiacal, según los astrólogos. Mindbodygreen. https://www.mindbodygreen.com/articles/aspects-in-astrology

Robinson, K. (s.f.). Nodo norte en astrología: significado, signos, símbolo | Astrology.com. www.astrology.com. https://www.astrology.com/article/north-node-meaning/

Rudhyar, D. (s.f.). Understanding the Basics of Astrology | Astrología básica para principiantes. Dawn Mountain. http://www.dawnmountain.com/understanding-the-basics-of-astrology/

Progresiones Secundarias. (s.f.). Astrolibrary.org. https://astrolibrary.org/category/progressions/

Progresiones Secundarias | Cafe Astrology .com. (s.f.). Cafeastrology.com. https://cafeastrology.com/secondaryprogressions.html

Progresiones Secundarias: Más | Cafe Astrology .com. (s.f.). Cafeastrology.com. https://cafeastrology.com/astrologyofprogressions.html

Sloan, E. (2021, 13 de julio). Esto es lo que realmente significa cada planeta en astrología, para que pueda comprender su carta astral con mayor profundidad. Well+Good. https://www.wellandgood.com/meanings-of-planets-in-astrology/

Solar Arc Directions. (s.f.). Escuela de Astrología. https://astrologyschool.net/solar-arc-directions/

«Como es arriba es abajo: Significado e interpretación». 6 dic. 2020, https://linguaholic.com/linguablog/as-above-so-below-meaning/?msclkid=a8f1b824c38311ecad5294ca460c6463

«Cinco Rituales de Venus para invocar a la deidad femenina». Oui We, www.ouiwegirl.com/beauty/2020/10/10/5-venus-rituals-to-invoke-the-divine-feminine

«Los diez mejores guiones de meditación guiada | Júpiter». Getjupiter.com, 25 ene. 2022, https://getjupiter.com/blogs/wellness/free-guided-meditation-scripts

Administrador, sitio del autor. «Las deidades planetarias». Green Planet Astrology, 30 dic. 2016, https://greenplanetastrology.wordpress.com/2016/12/30/the-planetary-deities/?msclkid=50295b89c6aa11ecbc701363bcdd906a

Arcane, Arcane. «Picatrix». Grimorio Mágico, 2 sep. 2020, https://booksofmagick.com/picatrix/?msclkid=cee86f71c38511ecb387a709b95a38e2

astrologerbydefault. «Energías de los planetas y alimentos que le gustan». AstrologíaPsicológica, 15 ene. 2019, https://psychologicallyastrology.com/2019/01/15/planetary-energies-of-the-food-you-love/#:~:text=Plants%20naturally%20produce%20such%20chemicals%20in%20minute%20quantities

Avia. «Símbolos del dios Marte». What's-Your-Sign.com, 7 feb. 2018, www.whats-your-sign.com/god-symbols-mars.html?msclkid=f3305d69c83711ec9b277908c184c3a9

«Correspondencias de Mercurio y sus aspectos de tierra y aire de Alchemy Works». Www.alchemy-Works.com, www.alchemy-works.com/planets_mercury.html?msclkid=d8ceee1cc79111ec953f5903f8879326

«Cada día tiene un planeta que lo acompaña: así puede aprovechar esta energía». Elite Daily, www.elitedaily.com/lifestyle/what-planet-rules-each-day

«HECHIZOS EFECTIVOS DE AMOR a través de la DIOSA VENUS». Hechizos de Amor, 4 de junio de 2020, https://lovespell.tips/effective-love-spells-through-goddess-venus/

«Efectos de Júpiter benéfico o maléfico en el horóscopo - Astrología». Astrología Védica y Ayurveda, 18 sept. 2014, www.astrogle.com/astrology/effects-jupiter-benefic-malefic-horoscope.html

Mejore sus hechizos de dinero con la energía de Júpiter - Black Witch Coven. 22 mar. 2017, https://blackwitchcoven.com/enhance-your-money-spells-with-jupiter-energy/

happy.com.pt, Feliz. «Júpiter en astrología - Significado, signos y carta natal - AstroMundus». AstroMundus, 25 abr. 2021, https://astromundus.com/en/jupiter-astrology/

«Marte en astrología - Significado, signos y carta natal - AstroMundus». AstroMundus, 25 abr. 2021, https://astromundus.com/en/mars-astrology/?msclkid=48d3f725c83711ecb27e48ee8a7b4947

«Mercurio en astrología - Significado, signos y carta natal - AstroMundus». AstroMundus, 26 abr. 2021, https://astromundus.com/en/mercury-astrology?msclkid=2498a75ec76f11ecb494b5f0c62ef741

«Saturno en astrología - Significado, signos y carta natal - AstroMundus». AstroMundus, 26 abr. 2021, https://astromundus.com/en/saturn-astrology/

«La luna en astrología - Significado, signos y carta natal - AstroMundus». AstroMundus, 26 abr. 2021, https://astromundus.com/en/moon-astrology/?msclkid=c205ac48c6a911ec8b3c6dfb5127889f

«Cómo crear un altar sagrado para la meditación, la magia y el ritual | She Rose». She Rose Revolution, 10 jun. 2020, https://revoloon.com/shanijay/062020-how-to-create-a-sacred-altar.

«Júpiter». Dioses y Diosas, https://godsandgoddesses.org/roman/jupiter/

«Júpiter - los planetas - la diosa blanca». http://www.thewhitegoddess.co.uk/, www.thewhitegoddess.co.uk/the_elements/the_planets/jupiter.asp

Kedia, Surabhi. «Lista de animales espirituales | una lista completa de animales espirituales y significados». TheMindFool - Medio Perfecto para el Autodesarrollo y la Salud Mental. Explorer of Lifestyle Choices & Seeker of the Spiritual Journey, 22 mar. 2020, https://themindfool.com/spirit-animal-list/

ladyoftheabyss. «Colores de luna llena, hierbas, aceites, incienso y mucho más». Witches of the Craft®, 1 de julio de 2015, https://witchesofthecraft.com/2015/07/01/full-moon-colours-herbs-oils-incense-and-much-more/?msclkid=6dad3f44c6ab11ec8500c6c8e727e8c7

«Lista de deidades solares». Religión Wiki, https://religion.fandom.com/wiki/List_of_solar_deities?msclkid=0d23ada3c51411ec9047b0bb68c4f708

«Simbolismo y significado de los animales espirituales lunares - Simbolismo de los animales lunares». ZodiacSigns-Horoscope.com, 24 de mayo de 2019, www.zodiacsigns-horoscope.com/spirit-animals/lunar-spirit-animal-symbolism/?msclkid=94559fa9c6aa11ecacb674a2145041f7

«Días mágicos de la semana: Correspondencias y energía diaria». Oráculo de otro mundo, 22 abr. 2020, https://otherworldlyoracle.com/magical-days-of-the-week/

«Marte - los planetas - la diosa blanca». Www.thewhitegoddess.co.uk, www.thewhitegoddess.co.uk/the_elements/the_planets/mars.asp?msclkid=4c4f4577c83811eca99c32b508dcd16d

Significado de Júpiter en astrología: El mejor benéfico - Astrology. advanced-

«Mercurio». Dioses y Demonios Wiki,

moodymoons. «Magia solar y brujería». Moody Moons, 7 abr. 2015, https://www.moodymoons.com/2015/04/07/sun-magick/?msclkid=3edecbdfc51411ec86775090d9626a86.

Penczak, Christopher. «Magia planetaria 5: Marte y la victoria». Christopher Penczak, 29 de julio de 2013, https://christopherpenczak.com/2013/07/29/planetary-magic-5-mars-and-victory/

«Rasgos de personalidad que revelan las cartas de signos lunares». Astrology Bay, 11 ene. 2008, https://astrologybay.com/moon-sign-charts?msclkid=1bf8d615c6aa11ec9080a15acd122a75.

PowerofPositivity. «Cinco cosas que le enseñará leer su carta natal». Poder de la Positividad: Pensamiento y actitud positivos, 13 ago. 2015, www.powerofpositivity.com/5-things-reading-your-birth-chart-will-teach-you/#:~:text=Your%20birth%20chart%20will%20show%20you%20that%20you.

«Papel e importancia de los planetas en astrología». Shrivinayakaastrology.com, https://shrivinayakaastrology.com/Planets/roleofplanets.html?msclkid=75a3b965c48111ec8424ee272b586e4d.

«Saturno - los planetas - la diosa blanca». Www.thewhitegoddess.co.uk, www.thewhitegoddess.co.uk/the_elements/the_planets/saturn.asp

Secretos de los grimorios mágicos: Los textos clásicos de la magia descifrados - Aaron Leitch - OCCULT WORLD. https://occult-world.com/secrets-of-the-magickal-grimoires/

«Simbolismo solar de los animales». Signos Solares, 26 de julio de 2016, www.sunsigns.org/solar-animal-symbolism/#:~:text=Dos%20otras%20criaturas%2C%20el%20gallo%20y%20el%20dragón%2C

«Bruja solar: Cómo lanzar MAGIA SOLAR de once maneras». Oráculo de otro mundo, 30 ago. 2020, https://otherworldlyoracle.com/solar-witch/?msclkid=c0061049c51211ec9a05292bedcb236a

«El Sol en la astrología |». Astroligion.com, 26 sept. 2020, https://astroligion.com/sun-in-astrology/?msclkid=b4b0060ac54411ecb6e2b4dc1ea7b7c1

«Las dignidades esenciales de los planetas: Exaltado, detrimento, domicilio y caída | los AstroTwins». Astrostyle: Astrología y Horóscopos Diarios, Semanales y Mensuales por las AstroTwins, 15 ago. 2020, https://astrostyle.com/astrology/essential-dignities/?msclkid=bced7594c45611ecb3766a96d43aa31f

«El ritual definitivo de luna llena para principiantes». Soul Design por Sarah Kreuz, www.sarahkreuz.co/moon-rituals/full-moon-rituals-for-beginners?msclkid=6cc51403c6cf11ec961da1d207da5984

«¿Qué son los altares espirituales y cómo hacer uno? | Astrology Answers». AstrologyAnswers.com, https://www.astrologyanswers.com/article/what-are-spiritual-altars-how-can-you-make-one/

«¿Qué es una carta astral? Su carta natal explicada». Astrostyle: Astrología y Horóscopos Diarios, Semanales y Mensuales por los AstroTwins, https://astrostyle.com/astrology/birth-chart/?msclkid=6471399ec45511ec80a07c7c0a404e8b.

«¿Qué es la magia planetaria?». Arnemancia, 27 de julio de 2020, https://arnemancy.com/articles/practice/what-is-planetary-magic/?msclkid=93f3e5ecc38611ec89e26c7b3faa4e33.

Witchipedian, El. «Venus». La Witchipedia, 9 de julio de 2019, https://witchipedia.com/astrology/venus/

«Trabajar con la poderosa energía de Mercurio (consejos de brujería)». Magickalspot.com, 8 de septiembre de 2021, https://magickalspot.com/mercury-energy/#:~:text=El%20mejor%20día%20para%20trabajar%20con.

www.ingramcontent.com/pod-product-compliance
Lightning Source LLC
Chambersburg PA
CBHW072156200426
43209CB00052B/1275